les Plaisirs du Vin

DU MÊME AUTEUR

Jos Carbone, roman
    Éditions du Jour, 1967 (épuisé).
    Collection «Québec 10/10», 1980.
    Traduction anglaise par Sheila Fischman,
    Harvest House, 1974.

Les Voleurs, roman
    Éditions du Jour, 1969 (épuisé).
    Collection «Québec 10/10», 1981.

Patience et Firlipon, roman
    Éditions du Jour, 1970 (épuisé).
    Collection «Québec 10/10», 1981.

Les Princes, récit
    Éditions du Jour, 1973 (épuisé).
    Collection «Québec 10/10», 1981.
    Traduction anglaise par David Lobdell,
    Oberon Press, 1977.

Gisèle et le serpent, roman
    Libre Expression, 1981.

CINÉMA

La Maudite Galette, scénario
    Le Cinématographe et VLB, 1979.

Réjeanne Padovani, scénario, écrit avec Denys Arcand,
    L'Aurore, 1975.

JOURNALISME

L'Extrême Gauche, grand reportage
    Éditions du journal La Presse, 1977.

JACQUES BENOIT

les Plaisirs du Vin

LIBRE
EXPRESSION

Données de catalogage avant publication (Canada)

Benoît, Jacques, 1941-

Les plaisirs du vin: un méthode simple et pratique pour mieux goûter les vins

Bibliogr.:

2-89111-262-8

1. Vins — Dégustation. I. Titre.

TP548.5.T3B46 1985   641.2'2   C85-094246-2

Maquette de la couverture: France Lafond

Photo de la couverture: Patrice Puiberneau

Photos intérieures et photos de l'auteur: Michel Gravel

Photocomposition et mise en pages: Helvetigraf, Québec

Dépôt légal:
4e trimestre 1985

ISBN 2-89111-262-8

Table des Matières

Avant de tourner la page…

Une bonne partie des *Plaisirs du vin* est inédite et a été écrite pour la circonstance.

J'ai puisé, pour le reste, dans la chronique sur les vins que je signe chaque samedi dans *La Presse* depuis trois ans. Un certain nombre de textes sont restés à peu près tels quels. Cependant, j'ai ajouté beaucoup de choses, apportant des précisions partout où cela paraissait nécessaire, afin que l'ouvrage soit un vrai livre et non pas un simple regroupement d'articles. Sans toutefois l'aimable autorisation de *La Presse*, qui m'a permis de faire usage de textes déjà parus dans le journal sous ma signature, cela ne m'aurait pas été possible. Mon éditeur et moi-même l'en remercions.

J.B.

I

L'apprentissage de la dégustation

On pense parfois que déguster est quelque chose de très difficile, et même de mystérieux. «Comment fait-on?» se demandent, non sans inquiétude, bien des gens pour qui cela demeure une énigme... même s'ils boivent du vin de façon régulière.

L'apprentissage de la dégustation est en fait beaucoup plus simple qu'on ne le croit généralement. Tout le monde peut apprendre à bien goûter les vins, en faisant l'effort voulu. «On peut devenir un dégustateur convenable en moins d'un an», a écrit à ce sujet, avec raison, le connaisseur français Raymond Dumay. Ainsi, on découvre de multiples facettes des vins qui nous auraient échappé autrement, et, surtout, notre plaisir de savourer cette boisson incomparable — la plus extraordinaire de la création — est décuplé.

Ce petit livre se propose d'aider le lecteur curieux à s'initier à la dégustation.

Il ne s'agit donc pas d'un tour d'horizon des nombreux vignobles du monde, ni d'une description des différents types de vins, mais plutôt d'un outil dont on pourra se servir afin d'apprendre à mieux goûter. J'y explique les grandes lignes de la méthode à suivre, et s'ajoutent à cela, en fin de volume, un certain nombre de chapitres sur des questions qu'on se pose souvent, comme la température à laquelle servir les vins, l'âge où ils sont à leur meilleur, les mets qui doivent les accompagner, etc. J'ajouterai que c'est un ouvrage sans prétention, s'adressant d'abord à ceux qui en sont à leurs débuts dans la connaissance du vin et où on trouvera l'essentiel de ce qu'il faut savoir sur la dégustation.

Comment apprendre à mieux connaître et goûter les vins?

On peut suivre pour cela des cours sur le vin (d'habitude accompagnés de dégustations) donnés par des connaisseurs, comme il en existe de plus en plus. Ces cours offerts par des clubs d'amateurs de vins et des établissements d'enseignement sont, bien sûr, une excellente façon d'acquérir des connaissances.

On peut toutefois arriver aux mêmes résultats par ses propres moyens et, ainsi, s'initier à la dégustation soi-même. Il y a pour cela quelques règles toutes simples qu'il est préférable d'observer.

La première, si j'en juge par mon expérience personnelle, est... de ne pas s'énerver, même si on ignore complètement par quoi et comment débuter! Goûter des vins et en boire sont des plaisirs, et des plaisirs qu'il ne faut pas gâcher.

La suivante, et c'est à mon avis la règle fondamentale, est de déguster le plus grand nombre possible de vins différents, par exemple tous les rouges d'appellation Minervois que l'on vend au Québec, puis tous les Chianti, ensuite tous les Rioja, etc. On apprend ainsi à comparer les vins, et on finit par découvrir que tel Minervois a des odeurs plus agréables que l'autre, qu'un troisième a des saveurs plus fruitées et plus riches, pour soudain se rendre compte que le meilleur est sans contredit celui-ci ou celui-là.

C'est essentiellement ce que font les dégustateurs d'expérience.

S'ils sont capables de juger un vin précis, c'est-à-dire d'en voir les qualités et les défauts, c'est parce qu'ils en ont beaucoup goûté, des pires jusqu'aux meilleurs, et qu'ils ont donc mentalement des points de comparaison auxquels comparer le vin qu'ils dégustent.

Cette mémoire gustative est le principal outil des amateurs de vins, et c'est elle qu'on se constitue en goûtant beaucoup de vins différents.

Les façons de faire

Par quels vins commencer? Comment procéder de façon concrète? Il existe là encore des façons de faire qui nous facilitent les choses.

A) Le plus simple, et aussi le moins coûteux, est de commencer par les plus petits vins et donc les moins chers, puis de monter ainsi, graduellement, vers les meilleurs vins. Autrement dit, pendant les premiers mois on s'en tiendra aux vins les moins coûteux, mais en en goûtant le plus grand nombre possible des mêmes appellations, grâce à quoi on élargit peu à peu et de façon continue ses connaissances. Ainsi, et tout en s'initiant à la dégustation, on arrive à savoir ce qu'est un bordeaux blanc, un Côtes du Rhône rouge, un Chianti, etc. Après avoir exploré les vins les moins chers, on passe à ceux du palier supérieur, et ainsi de suite.

Mais il y a à cela une condition essentielle... qui est d'accepter de payer graduellement un peu plus cher pour ses vins.

Bien sûr, on trouve encore au Québec, malgré les prix élevés que demande la SAQ, des vins honnêtes à environ 6 $, et on peut décider qu'on s'en tient là, ou qu'on ne dépassera pas 7 $ ou 7,50 $ la bouteille.

Il faut toutefois savoir qu'ainsi, en s'arrêtant à un certain niveau, on restreint nécessairement l'éventail de ses connaissances et de ses plaisirs, alors qu'il existe plusieurs autres paliers plus élevés, comme les branches de plus en plus hautes d'un arbre, avec de très nombreux vins à découvrir. Là-haut sont les plus beaux, dont il est à peu près impossible de se faire une idée exacte tant qu'on n'a pas entrepris de monter à leur rencontre.

Mais on ne peut sauter les étapes, et c'est seulement pas à pas qu'on va à la découverte des vins, en même temps qu'on apprend à déguster. Car boirait-on par exemple les plus grands bordeaux rouges, sans avoir au préalable goûté beaucoup de vins des paliers inférieurs, on passerait presque à coup sûr à côté, c'est-à-dire qu'on les boirait sans les apprécier vraiment, sans en voir l'étonnante complexité et toute la beauté.

B) Une autre chose à faire est de débuter par la dégustation de vins blancs, dont les saveurs sont beaucoup plus simples que celles des vins rouges [1].

On en goûte quelques-uns avec attention (il n'est pas nécessaire de ne déguster que des vins blancs pendant des semaines!) afin de se rendre compte à quel point leurs saveurs sont peu complexes comparativement à celles des vins rouges, après quoi on passe à la dégustation des rouges.

C) Dans tous les cas, qu'il s'agisse de vins blancs ou rouges, il est très fortement recommandé de prendre quelques notes sur chaque vin, c'est-à-dire de noter par écrit ses observations sur la couleur, les odeurs et le goût du vin, ne serait-ce qu'en quelques mots.

---

1. Pour faire les vins blancs, on presse les raisins avant la fermentation, et on ne met à fermenter que le jus, mais non les peaux des raisins ni la râfle — la partie boisée qui tient les raisins en grappe — riches en tannins. Les vins blancs renferment à cause de cela très peu de tannins, qui sont les produits donnant leur complexité gustative aux vins rouges.

Ennuyeux?

Loin d'être ennuyeux, cela devient rapidement un jeu tout à fait passionnant. Et surtout (comme on le verra plus loin) il s'agit là du principal moyen d'apprentissage de la dégustation et d'enrichissement de la mémoire gustative. C'est ainsi, installé à la table de ma cuisine, le verre et le crayon à la main, que j'ai commencé personnellement à déguster il y a un peu plus d'une demi-douzaine d'années. «Bouquet léger. Corsé, un peu âpre, pas mal de corps, j'aime bien mais je suis incapable d'en définir le goût» furent mes premières notes, qui portaient sur un bordeaux rouge d'appellation Graves, le Château Ferran 1975.

De la sorte, on fait des progrès souvent beaucoup plus rapides qu'on ne s'y attendait, on prend confiance en soi, et on devient dégustateur.

Déguster avec d'autres

Si on a l'occasion de déguster avec un connaisseur (ou simplement un amateur d'une certaine expérience et qui en sait plus que nous) il faut le faire et poser toutes les questions qui nous viennent à l'esprit. Car comme au jeu d'échecs avec un expert, on peut apprendre ainsi, en une seule séance, les rudiments de la dégustation, ou encore on perfectionnera, grâce aux remarques de l'amateur, sa méthode de dégustation.

Un autre moyen important d'enrichir ses connaissances, à la fois sur la dégustation et sur les nombreuses régions viticoles du monde, est bien sûr la lecture. L'éventail de livres offerts est large et on n'a que l'embarras du choix.

Mais si utile qu'elle soit, la lecture ne saurait remplacer la dégustation.

Comme je le disais plus haut, celle-ci est beaucoup plus facile qu'on ne le croit d'habitude, mais — et c'est le revers de la médaille — elle comporte aussi des difficultés.

*Les yeux fermés, on sent
beaucoup mieux...*

Servez ainsi sans avertissement un très bon vin dans un cocktail où tout le monde est occupé à parler... même les amateurs de vins présents risqueront fort de le boire sans se rendre compte de sa qualité, sans le *voir*. «Le goût du vin n'est pas quelque chose de si évident», ai-je déjà entendu dire à ce propos par un chimiste de la SAQ, Marcel Allard, qui compte parmi les meilleurs connaisseurs québécois.

En d'autres termes, rares sont les vins au bouquet et au goût si éclatants qu'ils s'imposent d'emblée.

Au contraire, avec la plupart des vins, même les meilleurs, il faut, pour les apprécier et en découvrir les qualités, faire un effort de concentration, apprendre à prêter attention à leurs divers aspects, tour à tour. On est souvent déçu, ou plus ou moins satisfait.

Mais parfois, suprême récompense, en relevant la tête après cet effort d'attention intérieure, on est ébloui par la beauté du vin et aussi profondément ému que par une grande musique.

Tout l'art de la dégustation est là, dans la découverte du vin. Des techniques existent pour nous aider à y arriver, ne serait-ce que le simple geste de fermer les yeux quand on le hume et le goûte, ce qui augmente notre faculté de concentration.

Rien toutefois (c'est le *secret* pour la dégustation comme pour tout le reste) n'est plus important que la passion qu'on y met, comme l'a si bien souligné le célèbre œnologue Émile Peynaud[1]: «Pour devenir un bon dégustateur, une franche perception des goûts et des odeurs est bien sûr indispensable, écrit-il, ainsi qu'une bonne technique de travail. Mais les meilleures dispositions à ce noviciat sont encore l'intérêt, la passion qu'on y apporte. Il faut aimer le vin pour bien le déguster, et apprendre à déguster c'est apprendre à l'aimer.»

---

1. L'œnologue est le technicien chargé de l'élaboration des vins.

II

La couleur
du vin

Je voyais récemment au restaurant deux dîneurs boire du vin rouge. Tout le temps de leur repas, aucun des deux ne s'arrêta un moment pour regarder le vin dans son verre. Aussi, ni l'un ni l'autre ne prit le temps, ne serait-ce qu'une seule fois, de humer le vin. Ils remplissaient leurs verres à ras bords et avalaient.

La bouteille bue, les deux clients avaient les yeux brillants et, visiblement, la panse satisfaite.

Leur bonheur aurait été toutefois bien plus grand encore si, en plus de jouir de l'alcool contenu dans le vin, ils avaient joui également de tout ce qui fait du vin la plus remarquable des boissons: sa couleur aux teintes si nombreuses, ses odeurs, ses goûts composites dans lesquels entrent tant de saveurs, etc.

Mais aussi, avant même d'en boire une seule goutte, ils auraient pu apprendre sur leur vin beaucoup de choses, seulement en en observant la couleur.

Celle-ci (on l'appelle également la robe, comme on sait) varie beaucoup d'un vin à l'autre, qu'il s'agisse de vins blancs, rouges ou rosés. Elle dépend de plusieurs facteurs. Par exemple des variétés de raisins utilisées, ou des cépages, comme on dit aussi, qui sont plus ou moins riches en substances colorantes. Ou encore du degré de maturité des raisins, qui donneront en règle générale des vins bien colorés s'ils sont tout à fait mûrs au moment des vendanges.

Les méthodes d'élaboration des vins (elles permettent d'extraire plus ou moins d'éléments colorants[1] des peaux des raisins) et, enfin, l'âge des vins sont les autres facteurs dont dépend la couleur.

Celle-ci est la première chose qu'on voit lorsqu'on verse le vin, et elle est aussi la première qu'on doit observer. Car non seulement elle nous procure du plaisir par sa beauté et sa brillance, mais elle nous donne également un certain nombre de renseignements sur le vin qu'on va goûter.

«Si la couleur est forte, profonde, si le vin est à peine translucide aux rayons lumineux, il y a quelques chances pour qu'il soit en même temps corsé, étoffé, riche en sensations tanniques, écrit Peynaud. Par contre, si la couleur est faible, le vin sera vraisemblablement léger de corps et plus court en bouche (*sensation gustative de peu de durée après qu'on a avalé le vin*), ce qui ne l'empêchera pas d'être agréable, si par ailleurs il a de la souplesse (*peu d'acidité et de tannins*) et du bouquet[2].»

Autrement dit, la couleur nous renseigne:

a) sur le corps du vin, c'est-à-dire sa richesse en saveurs, sa *force* comme on disait autrefois et comme on le dit encore aujourd'hui, dans le même sens, du café. Plus il sera foncé, plus un vin rouge sera en règle générale corsé. (Les choses sont différentes avec les vins blancs, dont la

---

1. On appelle ces pigments les anthocyanes.

2. Les citations sont toutes entre guillemets, mais je n'en nomme pas toujours l'auteur. La liste des ouvrages cités figure en fin de volume.

couleur plus ou moins prononcée n'est pas nécessairement un indice de leur richesse et de leur corps. À mesure qu'ils vieillissent, leur couleur fonce, une robe d'un jaune prononcé étant souvent le signe d'un vin trop vieux et devenu imbuvable, oxydé, comme on dit. Il est normal, par contre, que ces beaux vins de dessert que sont les Sauternes prennent en vieillissant une nuance vieil or.)

b) La teinte, de son côté, traduit le degré d'évolution du vin, et nous donne une assez bonne idée de son âge. «Le vin jeune a une teinte vive, pourpre ou rubis, et le vin vieux vire vers la couleur de la brique, de la tuile; on dit qu'il est «tuilé», «briqueté».

La teinte nous informe donc elle aussi sur le goût du vin. Celui-ci, s'il est tuilé et a un certain âge, aura normalement des saveurs plus veloutées, plus coulantes qu'un vin jeune.

c) Une couleur foncée, intense, sera souvent le signe que le vin est riche en odeurs. Ces odeurs ne seront pas nécessairement plaisantes ou de qualité, mais on peut être à peu près assuré que le vin aura du bouquet.

Conseils pratiques

Il vaut la peine, comme on le voit, de prendre le temps d'examiner la robe du vin.

Pour bien le faire, le mieux est de placer son verre de vin au-dessus d'une surface blanche (une feuille de papier, par exemple) en tenant le verre penché à un angle de 45 degrés, sous un éclairage ni trop faible ni trop puissant.

L'intensité de la couleur pouvant paraître différente selon la quantité de vin, il est recommandé de toujours remplir son verre au même niveau, aux deux cinquièmes ou à la moitié au maximum.

Le vin est-il limpide?

Enfin, une bonne technique pour mieux juger de l'intensité de la couleur sera de vérifier jusqu'à quel point on voit clairement son doigt en le regardant à travers le vin.

Les trois aspects

Quoi observer exactement?

Trois choses sont à considérer dans la couleur du vin. Ces trois aspects sous lesquels l'observer sont la limpidité, l'intensité et la nuance ou la teinte… ce qui avec l'habitude devient l'affaire de quelques instants.

La limpidité

«Le bon vin est un vin très limpide et dont la limpidité est permanente», écrit Peynaud.

Pour juger si le vin est limpide ou pas, c'est-à-dire si on y voit ou pas des particules en suspension, on place le verre devant une source lumineuse et on regarde le vin par transparence.

Il arrive que des vins manquent de limpidité et soient brouillés à la suite de diverses altérations [1]. Depuis le début des années 50, toutefois, les procédés d'élaboration et de clarification des vins ont fait des progrès considérables et cela est devenu rare. Quand cela se produit, le trouble se présente d'ordinaire sous la forme de nébulosités, de nuages, dans le vin.

Enfin, il faut veiller à ne pas prendre pour le résultat de maladies certains dépôts qu'on voit dans les vins. Chez les blancs, on trouve ainsi parfois au fond de la bouteille de fins cristaux, qui sont du tartre qui s'est cristallisé sous l'action du froid. Il n'est pas dommageable au vin et ne change rien à son goût.

---

1. Il pourra s'agir de maladies d'origine microbienne, ou encore de troubles, appelés casses, dus à un excès de certains métaux ou de protéines dans le vin.

*L'examen de la couleur, et
de son intensité.*

En ce qui concerne les vins rouges, il s'y forme, comme on sait, un dépôt avec le vieillissement (ce sont les tannins et les substances colorantes qui se condensent et se déposent) à cause de quoi il est prudent de garder les bouteilles âgées quelques jours debout avant de les ouvrir.

L'intensité et la teinte

Afin de déterminer l'intensité et la teinte du vin, il faut l'observer, je le rappelle, en plaçant son verre au dessus d'une surface blanche.

Pour les vins rouges, on dira quelle est leur intensité colorante en utilisant, simplement, un certain nombre d'adjectifs: «couleur pâle, légère, claire, faible, ou bien forte, foncée, intense, dense, profonde, sombre, noire»... l'important dans tout cela étant de bien se comprendre soi-même et de se faire comprendre de ceux à qui on veut décrire un vin.

Une autre chose à observer, et c'est pour cela qu'il est commode de tenir le verre penché à un angle de 45 degrés, est l'opacité du vin aux pourtours du verre. Si la couleur est vraiment intense, très soutenue, le vin sera foncé là aussi. Sinon (et même dans le cas d'un vin paraissant avoir beaucoup de couleur) celle-ci sera plus ou moins prononcée et diluée aux pourtours.

La teinte du vin, comme on l'a vu, change à mesure que le vin vieillit.

En gros, on peut dire que le vin rouge jeune a une teinte pourpre ou violacée... adjectif que je préfère au mot rubis souvent utilisé mais dont on ne sait jamais trop ce qu'il veut dire! Après quoi, en vieillissant, le vin pâlit et passe à un rouge plus clair. Il se met ensuite à se tuiler, et donc à prendre une teinte orangée.

Cela aussi, on le voit d'abord aux pourtours du verre, car c'est là qu'on distingue l'apparition des premiers

signes de vieillissement, et donc les premiers reflets oran-
gés. Puis, peu à peu, la teinte tuilée prend de l'importance
et devient finalement uniforme.

Le français est une langue d'une grande richesse, qui
compte des dizaines et des dizaines de mots pour nommer
les multiples nuances que peuvent avoir les vins rouges:
carmin, rubis, rubis brûlé, grenat, grenadine, vermeil,
pourpre, etc.

Dans la pratique, très rares sont ceux (sinon les pein-
tres) qui savent à quoi correspondent ces diverses nuances,
et on peut s'en tenir aux plus courantes: le rouge violet ou
violacé (vins du Médoc, dans la région de Bordeaux; Côtes
du Rhône; Cabernet-Sauvignon de Californie), le pourpre
(Saint-Émilion et Pomerol, aussi de la région de Bordeaux), le rouge clair (vins de Bourgogne, Chianti, vins de
la Loire comme le Bourgueil), tout en gardant en mémoire
que le vin est imprévisible et qu'il y a bien sûr beaucoup
d'exceptions, un vin du Médoc pouvant être plus pourpre
que violacé, etc.

Les vins blancs

Les choses sont plus simples avec les vins blancs. Dans
ce cas, l'intensité et la teinte des vins sont liés, et il est difficile de les considérer séparément, comme le souligne Max
Léglise dans *Une initiation à la dégustation des grands vins.*

D'ordinaire relativement pâles dans leur jeunesse,
tous suivent grosso modo la même évolution du point de
vue de leur couleur: ils foncent, petit à petit, jusqu'à prendre parfois, quand ils sont très vieux et devenus imbuvables, des teintes caramel... leurs teintes étant elles aussi
multiples.

Pour les nommer, Max Léglise propose la méthode
suivante, à la fois simple et claire: «On utilisera le terme
OR si l'aspect en est très brillant et riche en reflets, en le
précisant par les diverses nuances propres à ce métal: or

pâle, or fin, or vert, or jaune, or vieux, etc. Si, avec une
limpidité correcte, le vin ne jette pas de lumière et n'irradie
pas de reflets, on lui donnera seulement le vocable «jaune»
avec les qualifications secondaires qui peuvent s'y atta-
cher: jaune pâle, jaune clair, jaune paille, etc.».

III

Les odeurs
du vin

Bien des gens perçoivent dans les vins des odeurs de
fruits (fraises, cerises, mûres, etc.) Mais aussi des odeurs
de réglisse, de menthe, de violette, quand ce n'est pas de
poivron vert... au point qu'on peut être tenté de se deman-
der s'ils ne sont pas victimes de leur imagination, ou s'ils
ne boivent pas trop! Comment, dira-t-on en effet, une
boisson qui est le produit de la fermentation du raisin
pourrait-elle sentir par exemple le poivron ou les fraises?

Le phénomène est pourtant réel, même si cela peut
sembler à première vue incompréhensible.

Je veux dire qu'on peut effectivement trouver dans les
vins tous ces arômes et, avec un peu d'attention, les détecter, sans parler d'autres odeurs encore plus curieuses. Par
exemple, on rencontre à l'occasion dans les blancs allemands ou de Bourgogne des effluves de pétrole. Dans des
Zinfandel californiens et des bourgognes rouges, des nuances rappelant... les gaz intestinaux, ce que certains Bour-
guignons appellent l'odeur de crotte de poule.

L'explication du phénomène est qu'il y a dans un
même vin, à cause de l'action merveilleusement complexe
de la nature, des centaines et des centaines de substances

odorantes différentes. Les sols où pousse la vigne, les diverses variétés de raisins, les vents et les pluies, la fermentation, le vieillissement du vin, etc., tout cela concourt à la formation de ces substances, qui sont des alcools, des acides, des composés divers.

Et plus les appareils d'analyse se perfectionnent, plus est élevé le nombre de celles qu'on détecte. «Vers 1952, une cinquantaine de substances avaient été signalées comme composants de l'odeur du vin.» Leur nombre dépasse aujourd'hui les cinq cents.

Avec l'odorat, on ne perçoit, bien sûr, que les odeurs mêlées de ces substances, mais aussi seulement les plus intenses: la glycyrrhyzine donne l'odeur de réglisse; l'acide phénytethyde, l'odeur de miel; la benzaldéhyde cyanhydrine, l'odeur de cerise... Mais ces noms et ces expressions sont rébarbatifs et incompréhensibles hormis pour quelques rares spécialistes, ce qui fait qu'on préfère parler des odeurs correspondantes.

Enfin, les substances qui sont à l'origine de ces parfums du vin sont les mêmes que celles qui donnent des parfums similaires aux fruits, aux fleurs, etc[1].

«De véritables parfums...»

Le nez (les odeurs) du vin nous apprend encore plus de choses que sa couleur. «Il suffit à un dégustateur de respirer un vin pour y déceler le corps, la verdeur (*l'excès d'acidité*), l'âge relatif, la souplesse.»

Parce que, en fait, le vin goûte ce qu'il sent. Ainsi un vin aux arômes très fruités procurera en bouche une sensation équivalente du point de vue du goût. L'odeur de bois, un goût de bois, etc.

---

1. «Des études récentes ont montré qu'en fait ce système va plus loin que la simple «analogie» olfactive, indique Max Léglise. Par micro-analyse on a retrouvé effectivement dans les vins les constituants réels des arômes désignés par analogie.»

Mais, et on en revient à cette histoire de restaurant et aux deux dîneurs du chapitre précédent, humer un vin pour le connaître, c'est aussi en même temps jouir de ce qu'il a de plus beau. «Cette étape de la dégustation est peut-être la plus importante pour le dégustateur, écrit Michel Phaneuf dans *La connaissance des vins*. C'est celle qui procure souvent le plus de plaisir.»

Émile Peynaud: «Les grands vins sont caractérisés par l'intensité et la délicatesse de leur odeur, ce qu'on appelle la finesse, associées à une complexité et à une originalité qui font leur personnalité. On les assimile à de véritables parfums, rares et subtils. Le connaisseur avoue qu'il trouve presque autant de plaisir à les sentir qu'à les boire. L'odorat est bien le sens premier de la dégustation et les principes odorants sont bien les constituants essentiels des vins.»

Comment sentir les vins?

Conseils pratiques

D'abord, il faut ne remplir son verre qu'environ aux deux cinquièmes, pour laisser place à la surface du vin aux substances odorantes et volatiles. Si le verre est plein, ces substances s'en échappent aussitôt, et le vin a beaucoup moins d'odeurs.

Puis, les yeux fermés pour mieux se concentrer et donc mieux sentir, on porte le verre à son nez et on sent...

Sans inspirer trop fort, et jamais plus de cinq secondes à la fois, pour éviter que l'odorat s'habitue trop aux odeurs du vin et finisse par ne plus les percevoir, on hume ainsi le vin à quelques reprises.

Ensuite, pour aviver les odeurs par contact avec l'air, on prend le verre par la tige et on lui imprime un mouvement de rotation, en laissant le pied sur la table (c'est plus aisé de faire tourner le verre dans le sens contraire des aiguilles d'une montre; avec l'habitude, on arrive aussi à faire tourner le verre en le tenant dans les airs).

Une bonne partie du vin entre ainsi en contact avec l'air ambiant, ce qui en accentue beaucoup les odeurs et nous aide à mieux les percevoir.

Les trois principales questions qu'on doit alors se poser au sujet du nez du vin concernent son intensité, la nature des odeurs qu'on y détecte et ce qu'il faut en penser.

L'intensité

L'intensité du nez est très variable d'un vin à un autre et dépend grosso modo des mêmes facteurs que la couleur (cépages entrant dans la composition du vin; degré de maturité des raisins au moment des vendanges, etc.). Presque toujours, l'intensité varie même beaucoup dans un même vin, car, vers l'âge de deux ans, presque tous les vins de qualité traversent une période (souvent longue de plusieurs années) pendant laquelle ils ont très peu d'odeurs. Ils sont fermés, dit-on, ils s'ouvriront... un peu comme des fleurs encore en boutons!

Il y a des vins, parfois, dont les odeurs sont si puissantes qu'on les dit agressives et que cela en est presque désagréable. En règle générale, cependant, plus les odeurs sont intenses, plus le vin nous séduit.

Il faut donc en déterminer l'intensité, en se demandant par exemple si le nez est inexistant, faible, suffisant, bien présent ou puissant.

Les différentes odeurs

Tous les vins ont d'habitude une odeur dominante, qui perce à travers les autres, et on doit tenter de la découvrir. Fruits? fleurs? bois? épices? champignons? etc.

Ensuite, on essaie de détecter et de nommer toutes les autres odeurs qu'on y perçoit. (Si l'odeur n'est pas très

*On fait tourner le vin
dans le verre, en laissant
celui-ci sur la table.*

forte, tout en étant bien identifiable, on parlera de *nuances,* ou bien de *notes*, ou bien encore de *traces* s'il s'agit d'odeurs très faibles et à peine perceptibles.)

Il existe des vins au nez tout d'une pièce, aux odeurs simples et peu nombreuses. Les vins de grande qualité, particulièrement les vins rouges, offrent souvent de leur côté une impressionnante palette d'odeurs et de nuances odorantes. Leur nez est complexe, riche, nuancé, dit-on.

Qualifier le nez

Il faut enfin qualifier le nez, dire ce qu'on en pense, car un vin peut avoir des odeurs nombreuses et d'une bonne intensité, mais en même temps plus ou moins agréables. On doit donc dire si le nez du vin est quelconque, plaisant, agréable, charmeur, séduisant, etc.

On peut s'en tenir à ces trois aspects du nez dans les débuts.

Avec l'expérience, toutefois, on finit immanquablement par vouloir pousser plus loin cet examen olfactif du vin.

S'il s'agit d'un vin jeune encore fermé (peu d'odeurs), on cherchera ainsi à savoir s'il a de la densité, la densité pouvant être décrite comme la richesse potentielle des odeurs, même si celles-ci sont pour l'instant peu épanouies... un peu comme pour une sauce froide qui sent peu de choses, mais dont on devine la richesse odorante cachée! Chez les meilleurs vins rouges, par exemple ceux de la région de Bordeaux, on perçoit souvent de la sorte, à l'arrière-plan, quand ils sont jeunes, beaucoup de promesses. Ils sont fermés, presque dépourvus de nez, mais on détecte néanmoins la richesse et la profondeur de leurs futures odeurs.

À partir du moment où on a versé le vin dans le verre, ses odeurs, par suite du contact avec l'air, ne cessent d'évaluer. Avec l'habitude, on finit par prêter de plus en plus attention à cette évolution du bouquet (comme on appelle aussi le nez).

Chez les vins ordinaires ou encore chez les très vieux vins, le nez s'estompe souvent rapidement. Une trentaine de minutes après l'ouverture de la bouteille, parfois moins, le vin peut ne plus avoir du tout d'odeurs.

Chez les vins jeunes de qualité, au contraire, le nez *monte* à partir de l'ouverture de la bouteille, se complexifiant et persistant parfois plusieurs heures.

Les séries d'odeurs

Il existe dans la nature un nombre sans doute incalculable d'odeurs, surtout si l'on tient compte du nombre infini de combinaisons possibles des unes avec les autres.

Depuis toujours, cependant, on a tenté de les classer en catégories ou séries, ces classifications étant extrêmement utiles en dégustation puisqu'elles nous donnent une bonne idée des différents types d'odeurs qu'on peut trouver dans les vins.

Plusieurs classifications ont été mises au point, dont l'une en neuf séries, qui est la plus couramment utilisée en dégustation; la voici, avec quelques exemples d'odeurs pour chaque série (on trouve dans les vins des odeurs de toutes les séries):

1. *Série animale.* Odeurs de cuir. De viande, par exemple chez les vieux vins rouges ou les vins faits avec des raisins très mûrs.

2. *Balsamique.* Odeurs de conifères (pin, cèdre, etc.). Eucalyptus. Térébenthine. Surtout chez les vins qui ont vieilli en barriques de bois.

3. *Boisée.* Odeurs de bois, de chêne mouillé. Odeurs des tannins rappelant l'écorce et les champignons.

4. *Chimique.* Odeurs de vinaigre (acide acétique). Dissolvant de vernis à ongles.

5. *Empyreumatique.* Odeurs de brûlé. Caramel, pain grillé, café, goudron.

6. *Épicée.* Odeurs de vanille. Poivre, réglisse, canelle. Principalement chez les vins rouges qu'on a fait vieillir en barriques de bois.

7. *Florale.* «Dans un parallèle assez curieux, on constate que les arômes de fleurs blanches et jaunes dominent dans les vins blancs, et ceux des fleurs rouges dans les vins rouges.» Odeurs fréquentes chez les vins jeunes.

8. *Fruitée.* Odeurs de pomme et de citron (surtout chez les vins blancs). Fraise, framboise, cassis, mûres, etc. S'ajoutent à cela des odeurs de fruits secs: pruneau (chez les portos mais aussi chez les vins qui commencent à décliner); figue sèche (chez les vins faits avec des raisins extrêmement mûrs, surmûris); amande grillée.

9. *Végétale.* Odeurs herbacées... souvent difficilement identifiables plus précisément. Foin coupé (chez les vins blancs). Menthe, menthe poivrée, tabac.

Enfin, comme on sait, les odeurs mêmes des vins (et non seulement leur intensité) changent peu à peu à mesure que les vins vieillissent. Peu développé, encore plus ou moins à l'état brut quand les vins sont jeunes, le nez du vin s'enrichit de multiples nuances avec le vieillissement, du moins en ce qui regarde les meilleurs vins, un peu comme pour les fruits dont les parfums n'apparaissent vraiment qu'avec la maturité.

Devenus très vieux, même les plus grands vins ont perdu à ce stade leurs plus belles odeurs. «Il reste alors des senteurs d'épices, d'herbes, de cuir ou de gibier.»

Arôme, nez, bouquet

En fait, l'âge du vin a une telle importance pour le nez qu'elle amène les professionnels du milieu à nommer différemment les odeurs du vin selon son âge.

D'un vin jeune, on dira qu'il a de l'arôme, en entendant par là le fruité, c'est-à-dire les odeurs de fruit qui proviennent des cépages (l'arôme primaire, dit-on) mais aussi les autres odeurs résultant de la fermentation des raisins (l'arôme secondaire).

Le terme si évocateur de bouquet sera réservé aux vins qui ont vieilli et dont les arômes se sont transformés en cours de route, pour produire toute une gamme d'odeurs nouvelles.

Dans la pratique courante, cependant, on utilise indifféremment les termes nez ou bouquet pour désigner les odeurs du vin... les amateurs tendant même à se servir surtout du mot nez, sans doute parce qu'il est plus court et plus vite prononcé!

Les cépages

Une autre question que se posent presque tous les amateurs d'une certaine expérience lorsqu'ils sentent un vin concerne les variétés de raisins — les cépages — dont on s'est servi pour faire le vin. Les odeurs sont-elles caractéristiques du ou des cépages? se demandent-ils.

Une chose importante à retenir à ce sujet est qu'il n'y a pas que les cépages, comme on sait, qui donnent leur odeur et leur goût particuliers aux vins. L'endroit et le sol d'où proviennent les raisins, l'âge du vin sont d'autres facteurs qui ont beaucoup d'importance.

Pour le sol qui a donné les raisins utilisés, il suffit de déguster des vins faits avec le même cépage dans des régions différentes (par exemple un vin blanc de Sauvignon de Californie et un bordeaux blanc produit avec la même variété de raisins) pour voir la différence.

Comme c'est d'habitude la règle pour les vins produits dans des régions chaudes, celui de Californie aura généralement, au nez mais aussi en bouche, une générosité que le bordeaux blanc n'aura pas... ce qui ne signifie pas que le californien sera meilleur. Tout simplement, il sera différent.

On verra le même genre de différences chez des vins rouges produits avec principalement du Cabernet-Sauvignon, comme un bordeaux de qualité et des vins de Cabernet-Sauvignon d'Australie, des États-Unis et d'Italie. Ceux des États-Unis et d'Australie auront ordinairement une odeur du genre odeur de confitures, alors que l'Italien sera plus léger au nez et souvent herbacé (odeur d'herbe), et le bordeaux plus fin et plus riches en nuances.

Parfois, les différences seront marquées, quoique normalement les vins produits dans des régions différentes avec les mêmes cépages aient tous un air de famille.

C'est cet air de famille, ces nuances odorantes propres à chaque cépage, qu'on apprend petit à petit à connaître... puis à reconnaître par la suite chez les vins qu'on goûte.

En même temps, il faut veiller à ne pas tomber dans le travers consistant à juger les vins uniquement de ce point de vue. Ainsi, si le vin sent ce à quoi on s'attend du cépage, il sera jugé bon, sinon on le considérera plus ou moins comme un vin raté, aussi savoureux puisse-t-il être.

Cela se comprend sans doute des Américains, dont le système de classification se fonde d'abord sur les cépages et qui ont un intérêt bien compréhensible à voir les vins de ce point de vue [1]. Cela se comprend moins du reste du monde, estime le grand connaisseur anglais Michael Broadbent, directeur du service des vins à la maison de vente aux enchères Christie's de Londres.

«C'est seulement depuis dix ans que les gens sont conscients des cépages, et ils en sont devenus trop conscients, disait-il dans une entrevue à *La Presse*. Le vin est

---

1. Les meilleurs vins américains prennent le nom du principal ou unique cépage avec lequel ils sont faits, à la condition qu'au moins 75 % de cette variété entre dans leur composition.

bon non pas nécessairement parce qu'il a le caractère d'une variété de raisin (grape caracter). Avec les vins classiques de Bordeaux et les portos, on ne pense pas aux cépages. On pense au vin. Les gens à blâmer sont les Américains. Ils perdent de vue le vin parce qu'ils se concentrent sur les cépages.»

Michael Broadbent a de toute évidence raison.

En même temps, reste qu'il est formateur d'apprendre à reconnaître les cépages… mais aussi fort satisfaisant pour l'amour-propre de réussir, à l'occasion, à identifier celui avec lequel est fait le vin qu'on vous donne à boire sans vous dire de quoi il s'agit.

De même, et cela explique sans doute bien des choses, cela est rassurant pour l'amateur, qui voit ainsi ses connaissances confirmées grâce à ce repère.

À noter, enfin, qu'une des meilleures façons, et sans doute la seule véritable, d'apprendre à identifier à l'odeur et au goût les cépages est de les décrire pour soi-même, sans craindre les comparaisons qui peuvent surprendre. De cette façon, on se souvient, comme je me souviens désormais de ce que sent le Pinot Noir des bourgognes rouges depuis le jour où j'ai osé dire qu'on y trouve une nuance odorante qui, pour moi, rappelle la citrouille.

Mais tout cela, bien sûr, sans en faire un critère absolu de qualité et sans donc oublier les si judicieuses remarques de Broadbent.

D'autant plus que «les vins sont capricieux comme les femmes» (!), c'est-à-dire imprévisibles, selon un dicton portugais, ceci étant ce qui fait dans une très large mesure leur charme et leur beauté.

Résultat, il n'est pas rare qu'avec le vieillissement les vins deviennent tout à fait déroutants, et que des vins très éloignés les uns des autres (cépages, lieu de production) acquièrent dans leur maturité d'étonnantes ressemblances. Avec la meilleure volonté du monde on pourra ainsi confondre un bon Chianti et un Rioja arrivés à leur apogée, un bordeaux rouge et un bourgogne rouge, un Dao du Portugal et un Barolo d'Italie, etc.

Même chose, également, chez les vins blancs jeunes, qui ont des allures parfois assez similaires quand on les goûte à l'aveugle, de sorte qu'on peut assez facilement prendre un blanc espagnol fait avec le cépage Parellada pour un bordeaux blanc produit de son côté avec du Sauvignon et du Sémillon, etc.

Reste néanmoins, mais d'abord et avant tout dans le cas des vins jeunes ou relativement peu âgés, que chaque cépage a des nuances odorantes qui ne sont qu'à lui, quoiqu'on ne s'entende par toujours, même entre experts (et c'est normal) sur ce qui est l'odeur dominante de chacun.

Du Cabernet franc [1], certains diront par exemple qu'il a une odeur de violette, ou encore de fraise, ou bien encore de poivron... le mieux, il faut le répéter, étant de définir pour soi-même ce qui nous semble être l'odeur clé de chaque variété de raisin.

Ainsi, chacun fait siennes des connaissances qui pourraient sembler autrement hors de sa portée, et prend confiance dans ses capacités de dégustateur.

Exercer son odorat...

Mais souvent, comme on l'a vu, les amateurs d'expérience détectent dans un vin des odeurs que la plupart des gens ne perçoivent pas, ou, s'ils les perçoivent, qu'ils sont incapables d'identifier.

Mis sur la piste, toutefois, eux aussi reconnaîtront une odeur de miel, de levures, de pain grillé, de framboise,

---

1. On l'utilise, en association avec d'autres cépages, pour les bordeaux rouges, alors que des vins de la Loire comme le Chinon, le Bourgueil et le Saumur sont produits avec seulement du Cabernet franc.

ou encore de menthe ou de poivron, etc., tout en s'étonnant de l'habileté du connaisseur. «Comment faites-vous?» demanderont-ils.

La réponse à cela est dans ce qu'on pourrait appeler l'éducation de l'odorat. L'odorat dont on fait fréquemment peu de cas, alors qu'il s'agit d'un sens d'une très grande acuité, dont des expériences de laboratoire ont montré qu'il est pourvu d'une sensibilité 10 000 fois plus grande que le goût.

Comment l'exercer? comment en faire un sens véritablement actif et, ainsi, doubler sinon quadrupler le plaisir que donne le vin?

Dans ce domaine comme dans bien d'autres, on ne reconnaît que ce qu'on connaît bien, et il faut donc pour cela entreprendre de sentir consciemment tout ce qui se présente, en enregistrant systématiquement les odeurs. Et rien de ridicule là-dedans, d'autant plus qu'il y a dans cette éducation de l'odorat un aspect jeu toujours plaisant. Rencontre-t-on plus tard dans un vin l'une ou l'autre des odeurs qu'on a bien retenues, on peut la retracer dans sa mémoire et, ce qui est toujours extrêmement gratifiant, la nommer.

L'éventail des substances à sentir et des occasions de le faire est quasi sans limites. On pourra ainsi mettre le nez dans toutes les boîtes d'épices et de fines herbes qu'on trouve dans une cuisine; dans les pots de confitures; dans le goulot des liqueurs aux fruits comme la crème de cassis, etc. Vendant fréquemment en vrac, les magasins d'aliments naturels sont, de leur côté, un des meilleurs endroits où exercer son odorat... ce que je ne manque jamais d'y faire en ouvrant discrètement les compartiments où sont gardées les diverses épices et fines herbes. Parfois, ce sera de la façon la plus inattendue qu'on arrivera à reconnaître une odeur, comme par exemple celle de menthe poivrée, fréquente dans bien des bordeaux rouges... et que j'ai personnellement appris à identifier grâce entre autres à la gomme Chiclets au parfum de menthe poivrée (peppermint).

Au printemps et en automne, quand l'air est chargé de mille et une odeurs, les amateurs qui ont véritablement la piqûre... se promènent pour cela le nez au vent, humant longuement tous les effluves qui leur viennent aux narines.

Ou encore (ce qu'ils peuvent faire à la ville comme à la campagne) ils se livrent en marchant à un de leurs sports favoris. Ils arrachent une feuille à un arbre, une poignée de mauvaises herbes ici, quelques brins de gazon là, trois ou quatre aiguilles de pin un peu plus loin, etc.

Tout cela, ils le froissent entre leurs doigts et ils sentent! Les yeux fermés pour mieux sentir, en humant profondément et longuement.

Un autre de leurs sport favoris sera de s'étonner de la parenté qui peut exister entre diverses odeurs, mais aussi de noter par écrit quelles odeurs se ressemblent de la sorte. (Le lecteur curieux peut lire dans cette veine, soit dit en passant, *Une initiation à la dégustation des grands vins*. Max Léglise y parle brillamment des odeurs des vins, et il signale de nombreuses parentés d'odeurs.)

Mais il faut dire aussi que deux dégustateurs peuvent percevoir de façon différente une même odeur. «Par exemple, pour tel vin où un dégustateur décèlera un parfum de violette, un autre dira «iris», écrit-il. Ils ont raison ensemble: une même substance chimique est à la base de ces deux impressions (...) mais nuancée par des constituants secondaires.»

Ou encore, un seul et même amateur réalisera avec le temps qu'il perçoit parfois différemment, d'une fois à une autre, les mêmes senteurs des mêmes vins, grâce à quoi peut s'allonger sa liste des parentés d'odeurs.

En voici (impossible de résister!) quelques exemples tirés de ma liste personnelle.

*Avec l'habitude, on fait
tourner le vin en tenant le
verre dans les airs.*

Quand ils sont faits avec une bonne proportion du cépage Cabernet-Sauvignon, les bordeaux rouges aux saveurs concentrées ont assez souvent des odeurs d'encre. D'autres fois, la même odeur pourra être perçue comme un puissant parfum de violette.

Les odeurs de paille sont fréquentes chez les blancs italiens. Et puis, de vin en vin, on se dit que cela ressemble aussi à des odeurs de foin coupé (ce qui est une odeur bien sûr très voisine) mais aussi de chanvre, de corde, et même de grosse toile de tente.

Des odeurs aussi très voisines, qu'on trouve principalement chez les bordeaux rouges, sont les odeurs de champignons, puis de bois et également... de bouchon. On se demande ainsi, parfois, si le vin n'est pas légèrement bouchonné, pour finalement s'apercevoir qu'il s'agit plutôt de quelque chose comme une senteur de chêne mouillé ou d'odeurs d'écorce des tannins.

Les arômes de vanille sont, comme on sait, fréquents dans les vins, surtout les rouges. Mais parfois, de la vanille on glisse pour ainsi dire insensiblement à des odeurs d'estragon, puis d'anis, et puis, toujours en plus intense, de réglisse et même de goudron. Autrement dit, alors que le vin nous semble par exemple sentir la réglisse, on se demande si à la base de cette odeur il n'y a pas une odeur de vanille particulièrement intense.

Les meilleurs vins du Rhône, par exemple les Côte-Rôtie ou les Châteauneuf-du-Pape, offrent parfois de leur côté un éventail d'odeurs voisines, en escalier pourrait-on dire, qui a pour moi quelque chose de stupéfiant. On hume, et on se dit: «Râfles!»[1] et puis, le temps passant et le vin s'oxygénant dans le verre, d'autres odeurs s'élèvent du vin: de cèdre, d'épinette, puis de résine ou de térébenthine, après quoi apparaît un arôme d'iode qui semble pour ainsi dire survoler tout cela!

---

1. La râfle est la partie boisée qui tient les raisins en grappe.

Il faut garder en mémoire, enfin, que nous ne sommes pas tous également sensibles aux mêmes odeurs, et que ce sont seulement les vins de qualité, particulièrement les grands vins, qui ont un large éventail de substances odorantes.

Finalement, il faut aussi savoir s'acharner, c'est-à-dire au besoin longtemps fouiller sa mémoire pour y retrouver une odeur précise. Celle-ci nommée, c'est le bonheur...

IV

Les saveurs
du vin

« Qui peut goûter les aliments peut aussi goûter le vin»,
écrit Broadbent dans son petit manuel de dégustation,
Wine Tasting.

Ainsi, poursuit-il, la plupart des gens peuvent classer
deux vins par ordre de qualité, en se fondant sur ce qu'ils
sentent et ce qu'ils goûtent, mais «dire pourquoi l'un est
meilleur que l'autre est une autre paire de manches».

Cela équivaut, en fait, à entrer dans le monde de la
dégustation. Comment faire, surtout au moment de prendre en bouche une gorgée de vin pour en goûter et en juger
les saveurs?

Une des principales clés qui mènent à la dégustation
est, comme on l'a vu, l'attention intérieure. «On doit
apprendre, note Peynaud, à fixer son attention sur un
point donné, à rendre son odorat et son goût entièrement
disponibles. Trop souvent on boit, on mange, on déguste
sans faire réellement attention à ce qu'on éprouve, et si on
n'est pas attentif, finalement on n'éprouve rien.»

La volonté a donc un rôle important à jouer dans la
dégustation, car c'est d'elle que dépend, finalement, notre
pouvoir de concentration.

Pour cela, il faut avoir l'esprit libre. «Souci et euphorie sont également défavorables. On ne peut déguster et penser à autre chose.»

Ses soucis relégués au placard, on peut passer à ce qu'on appelle dans le monde du vin, sourire heureux en coin, «les choses sérieuses». «Quand tu dégustes, n'observe pas la bouteille, ni l'étiquette, ni l'entourage, mais plonge en toi-même pour y voir naîre tes sensations et se former tes impressions. Ferme tes yeux et regarde avec ton nez, ta langue et ton palais», a écrit enfin de son côté l'un des meilleurs connaisseurs en vins de Bourgogne, Pierre Poupon.

Sur quoi fixer notre attention

«La difficulté pratique est aussi de savoir sur quoi porter sa vigilance.» Il faut donc, autrement dit, apprendre à connaître les différents aspects du vin sur lesquels on doit tour à tour fixer son attention, en oubliant momentanément les autres. Ainsi, on examine pas à pas le vin, sous toutes ses faces, et on finit par pouvoir dire pourquoi l'un est meilleur que l'autre.

Voici brièvement (j'y reviens en détail plus loin), sous forme de questions, les cinq principaux points sur lesquels il faut apprendre à fixer son attention pour bien goûter et juger les saveurs des vins:

1. *L'attaque.* Quelle est la première impression une fois le vin en bouche? Cette première sensation est appelée l'attaque. «C'est une sensation mœlleuse, douceâtre, due surtout à l'alcool», mais qui sera encore plus mœlleuse et parfois onctueuse si le vin est riche et concentré, s'il a par conséquent beaucoup de saveurs. L'attaque est-elle délicate? douce? doucereuse? mœlleuse? onctueuse?

2. *Les saveurs.* Quelle est l'intensité et la qualité des saveurs? Sont-elles à peu près absentes? peu présentes? assez prononcées? bien prononcées? Quelconques? agréables? très agréables? Et y a-t-il une saveur qui est particu-

lièrement frappante et qui ressort? Quelle est la concentration des saveurs? (Intensité et concentration ne sont pas
exactement la même chose, un vin — comme d'ailleurs un
café — pouvant avoir des saveurs franches, agréables et
donc bien prononcées, sans être pour autant très concentré.)

La richesse des saveurs du vin amène aussi le dégustateur à s'interroger entre autres sur le corps du vin, c'est-à-
dire sa puissance, et sur sa texture, les vins rouges nous
donnant presque toujours la sensation, à cause de leurs
tannins, d'être des étoffes plus ou moins rudes et de plus ou
moins d'épaisseur, veloutées, soyeuses, ou au contraire
rugueuses, etc.

3. *L'équilibre.* Est-ce un vin harmonieux, aux saveurs
équilibrées? ou au contraire déséquilibré (par excès ou
manque d'acidité, de tannins, de fruité et d'extraits, d'alcool)? S'il est déséquilibré, quel est son défaut?

4. *L'impression finale.* Quelle est l'impression finale,
c'est-à-dire la dernière sensation une fois le vin avalé? Une
sensation mordante de vin trop acide? astringente de vin
tannique? très astringente, et même de dessèchement, de
vin aux tannins secs? mœlleuse de vin velouté?

5. *Persistance, ou longueur en bouche.* Le goût du vin
persiste-t-il en bouche après qu'on l'a avalé? Ou le vin est-
il court et donc manquant de persistance? Si son goût per-
siste, est-il de persistance moyenne? ou bien très long (longue persistance) comme les très bons vins?

Cela fait, on porte un jugement d'ordre général sur le
vin qu'on vient de goûter, compte tenu de la catégorie à
laquelle il appartient (vins ordinaires, vins de qualité intermédiaire, vins de grande qualité), compte tenu aussi de
son prix. Est-ce un vin quelconque, passable, honnête,
réussi ou très réussi? se demande-t-on.

Tout cela peut paraître à première vue relativement difficile et compliqué, mais cela l'est beaucoup moins qu'on ne peut le penser, à la condition de concentrer son attention sur chacun de ces aspects du vin, tour à tour.

Conseils pratiques

D'abord, la quantité de vin qu'on prend en bouche ne doit pas être trop grande (on goûte mal en pareil cas) ni trop petite.

Ne pas avaler le vin tout de suite. Pour mieux en détecter les saveurs, on le garde en bouche plusieurs secondes, en le faisant... voyager, pour ainsi dire, de façon que toutes les papilles en soient imprégnées [1].

Quand goûter?

Idéalement, on le fait avant le repas (c'est ce que s'efforcent de toujours faire les amateurs d'une certaine expérience), car les aliments modifient beaucoup les sensations (plus on mange, plus le vin paraît acide, alors que la viande et les fromages réduisent beaucoup l'amertume des tannins).

Idéalement, donc, on se réserve un moment pour goûter le vin avant de passer à table.

Comme pour le bouquet, enfin, un truc utile est de fermer les yeux en goûtant, ce qui facilite grandement la concentration.

---

1. Les dégustateurs professionnels et les gens des autres métiers du vin — ils en goûtent parfois des dizaines d'affilée — crachent les vins plutôt que de les avaler, mais même ainsi ils les goûtent bien.

L'évolution en bouche

Le milieu du vin a comme tous les autres son vocabulaire, ou même plus précisément ses vocabulaires.

Il y a d'abord celui des producteurs (vignerons, œnologues, etc.), qui est un vocabulaire technique et que même des dégustateurs d'expérience ne connaissent souvent que très imparfaitement.

Il y a aussi, en deuxième lieu, le vocabulaire de la dégustation, dont une très bonne partie consiste en adjectifs utilisés pour la description des vins, et sur le sens desquels à peu près tout le monde s'entend. Presque toujours, ce sont des adjectifs qui font image, ce qui en facilite la compréhension et aussi l'utilisation.

Si on dit ainsi d'un vin rouge qu'il est maigre, l'amateur, petit ou grand, comprendra qu'il s'agit d'un vin manquant de substance, pauvre en saveurs, décharné comme on dit aussi. Un vin plein, ou gras (ce qui est mieux encore) aura les qualités contraires. Il sera riche en saveurs et laissera même, dans le meilleur des cas, une impression de velouté comme en donnent les corps contenant beaucoup de graisses.

Un autre aspect du vocabulaire de la dégustation est celui qui touche ce qu'on appelle l'évolution en bouche.

L'expression pourra sembler bizarre, mais encore là elle fait image et décrit un phénomène qu'il suffit d'une certaine attention pour saisir. À savoir qu'on ne perçoit pas en même temps les différentes saveurs du vin, pour des raisons physiologiques, et que du point de vue du dégustateur le goût du vin évolue donc à compter du moment où on l'a en bouche.

Le dégustateur distingue, ainsi, trois étapes dans l'évolution: l'attaque, l'évolution comme telle, puis l'impression finale appelée aussi la finale ou la fin de bouche.

La quatrième étape, qui vient pour ainsi dire boucler la boucle, est la persistance qu'on désigne aussi par l'expression longueur de bouche.

Les quatre goûts fondamentaux

Avant d'entrer dans les détails, et pour bien comprendre l'ensemble du phénomène, il faut signaler au préalable que tous les aliments, solides et liquides, n'ont que quatre goûts élémentaires ou fondamentaux, le sucré, l'acide, le salé et l'amer… plus ou moins comme les couleurs dont le nombre se ramène à sept mais avec lesquelles on obtient des centaines et des centaines de teintes différentes en les combinant.

Le principal organe du goût, la langue, a de son côté la particularité suivante, nous apprend la physiologie: seulement une partie de sa surface est équipée de papilles… et celles-ci, qui sont de plusieurs sortes, ne sont sensibles en règle générale qu'à un ou deux goûts fondamentaux.

Enfin, les quatre goûts ne sont pas perçus en même temps.

Ainsi les papilles spécialisées dans la perception du sucré détectent cette saveur quasi instantanément, alors que celles qui perçoivent l'amer mettent environ cinq secondes à réagir.

C'est tout cela qui explique grosso modo qu'on parle en dégustation d'évolution en bouche.

L'attaque

L'attaque est la première impression que procure le vin à compter du moment où on l'a en bouche et elle dure de deux à trois secondes.

On perçoit alors, avec le bout de la langue où sont les papilles spécialisées dans ce goût, les différentes saveurs sucrées du vin. Car même si le vin est sec, il y a toujours un peu de sucre n'ayant pas été transformé en alcool qui y subsiste, mais ce qu'on perçoit surtout est l'alcool qui a lui aussi un goût sucré. «Y dominent la vinosité (*sensation de chaleur due à l'alcool*) et des impressions douces, doucereuses, mœlleuses.»

L'attaque nous renseigne donc sur la teneur en alcool du vin, mais aussi jusqu'à un certain point sur la richesse du fruité et des extraits, autrement dit de toutes les substances dissoutes présentes dans le vin, lesquelles proviennent des raisins et de la fermentation. Car plus les extraits sont abondants, plus l'attaque est riche et mœlleuse.

Puis, graduellement, les saveurs sucrées s'estompent, et on en est à la fin de l'attaque...

Le goût du vin se met alors à évoluer, c'est l'évolution. Situées principalement sur les côtés de la langue, les papilles spécialisées dans la perception du salé et de l'acide commencent alors à détecter ces saveurs, principalement l'acidité.

Le vin ne nous semble plus à ce moment-là seulement sucré, flatteur, comme un moment plus tôt, mais acide... parfois mordant. S'il est vraiment trop acide, il paraîtra franchement désagréable, et on dira qu'il est vert, acidulé.

On doit aussi prêter attention à cette sensation, c'est-à-dire s'efforcer de noter le degré d'acidité du vin qui a un rôle important à jouer dans l'équilibre ou l'absence d'équilibre.

L'impression finale

Peu après, enfin, et quasi en même temps, commencent à réagir les papilles détectant les saveurs amères, et qui se trouvent dans ce cas sur le dessus de la langue, tout à fait à l'arrière.

Toutes les saveurs sont alors mêlées mais ce sont inévitablement, dans le cas des vins rouges, les goûts amers qui dominent, c'est-à-dire des tannins provenant des raisins mais aussi, le cas échéant, des fûts de bois où le vin a vieilli.

On avale… et sans même avoir à beaucoup se concentrer pour détecter la chose tant elle s'impose, on a l'impression finale ou la fin de bouche, qui est la dernière impression que laisse le vin.

C'est à ce moment qu'on perçoit le mieux quelle quantité de tannins renferme le vin.

S'il est très tannique, c'est une sensation d'assèchement ou alors d'avoir eu quelque chose de pâteux ou de grumeleux en bouche qui reste. Si le vin n'est pas tannique ou si son tannin s'est fondu dans le vin avec le vieillissement, ou le percevra de même nettement, et on dira que le vin est souple, velouté, etc.

La persistance

Reste la quatrième et dernière étape, qui consiste à détecter la persistance ou ce qu'on appelle plus communément dans le monde du vin la longueur en bouche.

«Si c'est à l'harmonie des sensations qu'on reconnaît le bon vin, c'est à la persistance de son arôme de bouche qu'on reconnaît le grand vin. On juge en effet un vin à sa «longueur en bouche», «à la bouche qu'il laisse».

Pour tenter d'en déterminer la durée, on peut simplement se concentrer sur cette sensation précise. Ou alors (ce qui est souvent plus aisé) on procédera par olfaction rétro-nasale, ce qui n'a rien de difficile malgré l'aspect un brin rébarbatif de l'expression!

On procède de la façon suivante: «Après avoir rejeté (ou avalé) le vin, expirer fortement de l'air par le nez, par des insufflations répétées. On chasse ainsi vers le centre de l'olfaction les vapeurs qui imprègnent la bouche. On perçoit à chaque expiration, avec beaucoup d'intensité, ce qu'on a coutume d'appeler le «goût» du vin.»

Une précision à ajouter est qu'il faut laisser la bouche fermée pendant les insufflations, de façon à ne pas chasser les odeurs du vin.

On expire, avec un temps d'arrêt entre chaque insufflation, et puis soudain on se rend compte qu'on ne perçoit plus le goût du vin. La persistance est le temps durant lequel le goût nous est ainsi parvenu à chaque expiration par le nez.

On dira ainsi d'un vin qu'il est court, qu'il n'a donc pas de persistance, d'un autre qu'il est au contraire long ou très long en bouche, persistant ou très persistant.

Les saveurs

Parvenu à ce stade, on a normalement une bonne idée de la richesse et de la qualité des saveurs du vin. Il n'est pas toujours facile, cependant, de se faire une idée juste de la richesse de goût des vins peu corsés et du genre délicat. Car si on n'y prête pas suffisamment attention, leur délicatesse peut laisser croire qu'ils ont peu de goût, qu'ils sont minces, comme on dit, alors qu'il y a des vins à la fois peu corsés et riches en saveurs.

Solution, comme cela se voit (et s'entend!) dans les salles de dégustation ou entre amateurs, faire barboter de l'air dans le vin.

Celui-ci en bouche, on serre les lèvres plus ou moins comme si l'on voulait siffler, en ne laissant qu'une petite ouverture, et on aspire une bonne quantité d'air pendant quelques secondes. Résultat, les saveurs du vin sont fortement avivées, et on le goûte pour ainsi dire… en détail. Le vin est-il mince, sans beaucoup de saveur, ou au contraire concentré et d'un goût riche en nuances, on s'en aperçoit aussitôt, comme si on le regardait à la loupe!

Mais en fait, que le vin soit léger ou corsé, c'est une technique toujours commode et très couramment employée.

Le passage de l'air dans le vin produit cependant un gargouillis, ce qui fait qu'on ne peut guère employer cette technique qu'entre amateurs, ou bien chez soi, à la condition d'avoir l'accord de son conjoint, ou encore quand celle-ci ou celui-ci a le dos tourné et fait couler l'eau du robinet!

Le corps du vin

Le corps du vin est l'équivalent de ce qu'est la force pour le café. Apprendre à le déterminer pour chaque vin goûté compte parmi les capacités qu'il est bon d'acquérir, ce qui enseigne aussi, également, à bien assortir les vins aux mets.

Trois constituants, dans des proportions qui peuvent varier à l'infini, s'unissent pour former le corps du vin.

À savoir le degré d'alcool, puis les extraits (toutes les substances dissoutes dans le vin et provenant, comme on l'a vu, des raisins et de la fermentation) et enfin les tannins, auxquels on peut ajouter les acides du vin mais dont le rôle est moins important.

Ainsi, un vin de faible degré alcoolique, par exemple 10 %, aux extraits peu abondants et presque sans tannins, sera inévitablement un vin léger.

Un peu plus d'extraits et de tannins et il aura sensiblement plus de corps, etc.

Quant à l'alcool, dont on croit parfois qu'il est l'unique composante du corps du vin, son importance est un peu moins grande que celle des deux autres constituants, même si les vins corsés ou puissants en contiennent en règle générale une assez bonne quantité (environ 11,5 % ou plus).

En fait, ce sont les quantités d'extraits et de tannins qui déterminent avant tout le corps, tandis que l'alcool «peut en renforcer l'impression, comme d'ailleurs il renforce et amplifie toutes les saveurs», le résultat de tout cela étant qu'un vin de 10 % d'alcool et riche en tannins sera plus corsé qu'un vin de 13 % pauvre en tannins et en extraits.

	LÉGER	**PLUTÔT LÉGER**	**MOYENNEMENT CORSÉ**
TRÈS SEC	Muscadet Pouilly-Fumé Bourgueil Chinon	Chablis Sancerre *Champagne* *Savennières*	**Xérès Manzanilla**
SEC	Saumur-Champigny *Saumur* *Saar-Ruwer* Beaujolais *Vinho Verde* Lirac	*Nahe* *Spätlese (Nahe)* *Mâcon blanc* Mâcon rouge Rully *Beaujolais blanc* Santenay *Vouvray* Côtes de Ventoux	***Xérès Fino*** *Steinwein (Würzburg)* *Puligny-Montrachet* Valpolicella *Chassagne-Montrachet* *Montagny* Listrac Moulis Rosé de Provence *Riesling (Alsace)* Mercurey *Steen (Afrique du sud)* *Fumé-blanc (E.-U.)* *Tokay d'Alsace* *Pinot d'Alsace* Tavel rosé Gigondas *Muscat d'Alsace* *Meursault* *Soave* *Kabinett (Rheinghau)*
PLUTÔT SEC	*Moyenne Moselle* *Spätlese (Moselle)* Anjou rosé		*Spätlese (Rheinhessen)* *Blancs autrichiens* *Auslese (Rheinghau)*
MOYEN-NEMENT SUCRÉ	*Auslese (Moselle)* *Moscato d'Asti*		*Auslese (Rheinhessen)* *Vouvray demi-sec*
SUCRÉ		*Bonnezeaux*	*Côteaux du Layon* *Beerenauslese (Moselle)* *Trockenbeerenauslese (Moselle)*
TRÈS SUCRÉ			

LÉGENDE DES CARACTÈRES: Vins rouges, *Vins blancs,*

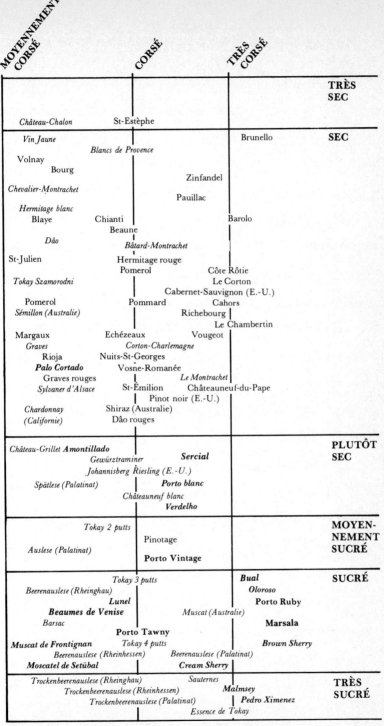

MOYENNEMENT CORSÉ   CORSÉ   TRÈS CORSÉ

TRÈS SEC

Château-Chalon   St-Estèphe

Vin Jaune   Brunello   **SEC**
Blancs de Provence
Volnay
  Bourg
          Zinfandel
Chevalier-Montrachet
        Pauillac
Hermitage blanc
  Blaye   Chianti   Barolo
       Beaune
Dâo   *Bâtard-Montrachet*
St-Julien   Hermitage rouge
      Pomerol   Côte Rôtie
Tokay Szamorodni   Le Corton
        Cabernet-Sauvignon (E.-U.)
  Pomerol   Pommard   Cahors
Sémillon (Australie)   Richebourg
           Le Chambertin
  Margaux   Echézeaux   Vougeot
  Graves   *Corton-Charlemagne*
   Rioja   Nuits-St-Georges
  Palo Cortado
   Graves rouges   Vosne-Romanée
  Sylvaner d'Alsace   *Le Montrachet*
       St-Émilion   Châteauneuf-du-Pape
         Pinot noir (E.-U.)
Chardonnay   Shiraz (Australie)
(Californie)   Dâo rouges

Château-Grillet **Amontillado**   **PLUTÔT**
     Gewürztraminer   **Sercial**   **SEC**
   Johannisberg Riesling (E.-U.)
  Spätlese (Palatinat)   **Porto blanc**
      Châteauneuf blanc
        Verdelho

  Tokay 2 putts   **MOYEN-**
      Pinotage   **NEMENT**
  Auslese (Palatinat)   **SUCRÉ**
     Porto Vintage

  Tokay 3 putts   **Bual**   **SUCRÉ**
Beerenauslese (Rheinghau)   Oloroso
   Lunel   Porto Ruby
  Beaumes de Venise   *Muscat (Australie)*
  Barsac   **Marsala**
  Porto Tawny
Muscat de Frontignan   *Tokay 4 putts*   Brown Sherry
  Beerenauslese (Rheinhessen)   *Beerenauslese (Palatinat)*
Moscatel de Setúbal   **Cream Sherry**

Trockenbeerenauslese (Rheinghau)   *Sauternes*   **TRÈS**
  Trockenbeerenauslese (Rheinhessen)   **Malmsey**   **SUCRÉ**
    Trockenbeerenauslese (Palatinat)   **Pedro Ximenez**
       Essence de Tokay

Vins rouges fortifiés (additionnés d'eau-de-vie de vin)
Vins blancs fortifiés

Un diagramme

En pratique, le plus simple sera de classer les vins en cinq catégories pour ce qui est de leur corps: on tentera ainsi, en les goûtant, de déterminer s'ils sont 1) légers; 2) plutôt légers; 3) moyennement corsés; 4) corsés; 5) très corsés.

Comment faire?

Encore là, cela n'est pas si compliqué, quoique, bien sûr, nombreux sont les vins dont le corps se situe entre deux catégories. Dans ce cas, retenir la catégorie qui semble le mieux le décrire.

Pour être plus concret encore, on peut ajouter que les meilleurs moyens d'y arriver sont de procéder, mentalement, par élimination (on écarte les catégories auxquelles il nous semble évident que le vin n'appartient pas) et puis ensuite par comparaison avec les autres vins qu'on a bus: «Est-il plus ou moins corsé que tel vin moyennement corsé dont on se souvient? a-t-il moins ou plus de corps que tel autre vin qu'on a jugé plutôt léger? etc.»

Cela fait, se reporter au très utile diagramme établi par Broadbent, dans lequel il a classé tous les vins selon le corps et aussi selon qu'ils sont très secs, secs, plutôt secs, etc. [1]. Ainsi... mais seulement après avoir soi-même déterminé le corps, on peut vérifier si on a vu juste ou pas. (Le diagramme, tiré de *Wine Tasting*, est reproduit ici. On y voit que le vin blanc le plus léger mais aussi le plus sec est le Muscadet, etc.)

---

1. La quantité de sucre restant dans les vins secs après la fermentation est toujours très minime (un à deux grammes par litre). C'est donc essentiellement à cause de son degré alcoolique plus élevé et de sa plus grande richesse de saveurs que, par exemple, un Chardonnay de Californie paraîtra moins sec qu'un Muscadet.

L'allure

Tout ce qui précède concerne strictement le corps du vin, ce qu'on pourrait appeler pour ainsi dire ses dimensions, sa puissance.

Reste encore, dans un second temps (comme on le fait pour des vêtements de taille identique mais de coupe différente!) à en décrire l'allure, car deux vins de corps équivalent peuvent être gustativement tout à fait dissemblables: l'un sera lourd, sans grâce, l'autre complet et donc doté de toutes les qualités souhaitables, etc. «La série des vins corsés appelle les commentaires suivants: complet, corpulent, charpenté, compact, chargé, plein, entier, épais, lourd, dense, gros, replet, enveloppé, massif, large, concentré, structuré», a écrit par exemple Peynaud.

De la sorte, d'un vin corsé mais aux saveurs ternes, on dira qu'il est corsé, mais lourd; d'un vin lui aussi corsé et aux saveurs agréables, qu'il est corsé et complet, c'est-à-dire doté de toutes les qualités qu'on peut souhaiter, etc.

Vins… et étoffes

Le 16 janvier 1821, Lamothe, alors gérant du célèbre Château Latour (bordeaux, d'appellation Pauillac) écrivait ce qui suit dans une lettre adressée à l'un des copropriétaires du domaine, le comte de La Pallu: «Un courtier que je connais pour bien juger la qualité des vins, s'arrêta, il y a quinze jours, à Latour. Je lui fis goûter, en même temps, Château Margaux et Latour 1819. Après avoir fait l'épreuve, il m'avança la tasse contenant le Château Margaux: «Mon ami, dit-il, voilà du Casimir *(cachemire)* et voilà du beau drap de Louviers» en me présentant l'autre tasse.»

Puis le gérant poursuit, sur un ton admiratif: «Comment trouvez-vous, Monsieur, cette comparaison? Vous ne pouvez guère en juger, ne l'ayant pas vu faire; mais moi, présent à l'expérience, je l'ai trouvée aussi adroite que juste[1].»

Cette façon de comparer les vins à des étoffes peut sembler étonnante, encore aujourd'hui. Il faut dire d'abord qu'il s'agit d'une pratique déjà ancienne, ainsi que le montre la lettre du régisseur Lamothe.

Elle remonte même un peu plus tôt, à la fin du XVIIIe siècle, croit-on, selon les recherches faites par le professeur français René Pijassou.

C'est dans des textes de cette époque (plus précisément de 1798), que ce dernier a en effet relevé, dans le vocabulaire de la dégustation, les premiers adjectifs se référant à des étoffes. Ces termes sont «velouté» et «étoffé» et ce sont des adjectifs encore utilisés aujourd'hui.

---

1. Cité par René Pijassou dans *Le vin de Bordeaux et du haut-pays,* Montalba.

Le pourquoi

Le phénomène qui explique l'usage de telles comparaisons semble toujours un peu surprenant, surtout quand on en est à ses débuts en dégustation. On peut le décrire comme ceci.

En bref, on ne fait pas seulement que goûter les saveurs du vin. On perçoit aussi, avec la langue, «des impressions de texture, de consistance, de fluidité, de viscosité, d'onctuosité.»

Mises ensemble, toutes ces impressions donnent au dégustateur d'expérience, dans son for intérieur, une image du vin... «en relief, une sorte de figure géométrique ayant une forme et un volume.» Autrement dit, le vin n'apparaît pas au dégustateur comme une pellicule liquide, pourrait-on dire, mais plutôt comme un corps en trois dimensions! Ne dit-on pas par exemple d'un vin velouté, coulant, qu'il est rond?

Les comparaisons avec des étoffes sont, tout simplement, une des façons de tenter de décrire ces dimensions que semble avoir le vin, afin d'exprimer de quelle façon il tapisse la bouche et d'en décrire l'allure d'une autre façon.

Mais cela ne s'applique pas à tous les vins.

Car même s'ils ont eux aussi une certaine texture, les vins blancs secs n'ont pas vraiment... d'épaisseur, pour ainsi dire.

Aussi bons, aussi fruités soient-ils, ils tapissent toujours la bouche comme une mince pellicule, et ils nous semblent immanquablement couler comme de l'eau, ou au pis aller comme du jus de citron s'ils sont trop acides! Ils sont donc difficilement comparables à des étoffes.

La raison de tout cela est l'absence à peu près complète de tannins chez la plupart des blancs. Alors que ce sont les tannins, essentiellement, qui donnent leur épaisseur et leur texture aux vins rouges, et qui, de même, différencient leur goût de celui des vins blancs.

Quels vins rouges?

Mais il ne faut pas attendre de tous les vins rouges qu'ils nous donnent des impressions semblables.

S'il est plus ou moins dépourvu de tannins (comme c'est souvent le cas pour les rouges de consommation courante, sans appellation) le vin nous semblera plan, sans épaisseur, comme les blancs.

Ce sont surtout les vins de qualité, et encore plus les vins de très grande qualité, dont la texture nous frappe inévitablement.

Devant ces vins, et surtout quand les tannins ont perdu leur côté revêche grâce au vieillissement et que les saveurs se sont toutes fondues ensemble en un tout harmonieux, le dégustateur le moins poète ne peut s'empêcher de le devenir.

Dans ce cas, c'est pour ainsi dire naturellement et presque sans effort qu'on pense à des étoffes, comme le courtier du régisseur Lamothe.

Le vin parfaitement réussi aura ainsi un tissu serré, fin... par exemple comme une laine fine et à très petits points. Un tel vin serré aura immanquablement des saveurs riches, concentrées. Ou alors on dira du même vin qu'il a du grain ou que son grain est fin, encore là en pensant à une étoffe. Mais il y a également des vins de moindre épaisseur, des vins satinés, soyeux.

D'autres, riches et flatteurs, feront penser à du «velours cousu sur doublure d'âpreté[1]». Encore là à cause des tannins, mais devenus aimables, sans dureté quoique toujours fermes et présents.

---

2. Ce mot heureux est de Raymond Dumay, dans *Le vin de Bordeaux et du haut-pays*.

Le bon vin pas tout à fait réussi aura au contraire un tissu un peu lâche.

Ou alors (car il y a des tannins de tous les types et de toutes les qualités, et donc des vins rouges tanniques de toutes les qualités), ou alors le vin sera grossier, lourd, commun. Il aura dans ce cas une texture désagréable rappelant par exemple... la grosse laine à poils longs et de mauvaise qualité.

L'équilibre des saveurs

On entend souvent dire de tel ou tel vin qu'il est équilibré. Ou alors on le jugera harmonieux, bien fait, ou encore bien constitué.

Ces qualificatifs fréquemment utilisés par les amateurs et les auteurs qui écrivent sur le vin, ont, en fait, pratiquement la même signification.

Ce qu'on décrit ainsi le plus couramment par le qualificatif équilibré, est l'équilibre des saveurs (on dit aussi l'harmonie) qui est l'une des qualités absolument essentielles des bons vins.

Sucré, acide, amer

Le premier fait important à retenir, pour comprendre de quoi il s'agit, est un phénomène gustatif connu de tous. À savoir que le goût sucré atténue l'acidité des boissons et des aliments (par exemple, on sucre le jus de citron pour le rendre buvable), tout en en diminuant, de même, l'amertume (on réduit le goût amer du café ou d'un thé trop tannique en les sucrant).

Essentiellement, c'est le même phénomène qui joue pour les vins et qui fait qu'on parle de leur équilibre ou de leur manque d'équilibre.

Trois saveurs principales tiennent un rôle dans cet équilibre gustatif des vins, soit le sucré, l'acide et l'amer[1]. «Le goût du vin est pour une grande part le résultat d'un équilibre entre des goûts doux ou sucrés et des saveurs acides et amères. La qualité est toujours en rapport avec une

---

1. Tous les aliments, solides et liquides, n'ont, comme on sait, que quatre goûts fondamentaux, l'acide, l'amer, le sucré et le salé. Présentes elles aussi dans les vins, mais en petites quantités, les saveurs salées influent peu sur le goût des vins comparativement aux autres saveurs fondamentales.

certaine harmonie de ces goûts. L'un ne doit pas dominer l'autre.»

Simpliste?

Pas tant que ce que l'on pourrait être tenté de croire à première vue.

Il faut dire, d'abord, aussi étonnant que cela puisse paraître, que ce nécessaire équilibre des saveurs est une notion encore bien récente. Sa formulation, par Émile Peynaud, date seulement de 1949, et c'est uniquement depuis cette époque qu'on a appris peu à peu à vraiment juger les vins de ce point de vue mais aussi à les élaborer avec cet objectif en tête.

À cela, on peut encore ajouter qu'il y a dans les vins de nombreuses substances acides, comme aussi nombre de composantes sucrées, amères et salées différentes (au total plus de cinq cents constituants)... et qui, mêlées ensemble dans des proportions variables, donnent des milliers de vins jamais pareils aux autres et ayant chacun leur personnalité propre.

On n'a cependant pas à tenir compte, cela va de soi, de la nature des composantes des saveurs sucrées, acides et amères, pour tenter de déterminer leur degré d'équilibre.

Un deuxième fait

Un deuxième phénomène important à retenir pour apprendre à mieux juger les vins sous cet angle, est que les goûts acides et amers s'additionnent. Autrement dit, l'acidité accroît le goût amer d'un vin. De la même manière, l'amertume renforcera l'acidité.

Pour qu'il y ait équilibre, les saveurs sucrées du vin, provenant principalement de l'alcool qui a un goût sucré mais aussi des sucres du raisin qui peuvent rester dans le vin (comme dans les Asti-Spumante, les vins de dessert tels les Sauternes, les portos, mais aussi dans les vins secs où on en trouve en petite quantité), ces saveurs sucrées doivent donc être juste assez abondantes pour contrebalancer les goûts acides ainsi que les saveurs amères que donnent les tannins... et sans qu'aucun de ces goûts ne prenne le pas sur les autres.

Le vin de très grande qualité, ou le grand vin, comme le veut l'expression, aura en plus le fondu. Dans ce cas, et ainsi que le dit le mot, les goûts sont fondus les uns dans les autres en un tout à la fois indissociable et d'une extraordinaire richesse de saveur.

Blancs et rouges

Parce que les deux sortes de vins ne sont pas constitués de la même façon, l'harmonie recherchée dans les vins blancs ne sera pas la même que pour les vins rouges.

Ne comprenant pas de tannins ou très peu, les vins blancs sont équilibrés quand leur acidité et leur degré d'alcool s'équilibrent, comme les deux plateaux d'une balance. Pour ce qui est des vins rouges, le goût sucré doit faire face et aux saveurs acides et aux saveurs amères des tannins.

De nombreux défauts résultent, finalement, des déséquilibres pouvant exister entre ces composantes.

Ainsi, entre autres, trop d'acidité rendra le vin acerbe, on dira qu'il est vert, dur. Trop de tannin, de même, fera aussi un vin dur, âpre, rugueux.

Inversement, un manque d'acidité, surtout s'il est conjugué à un manque de tannin, fera paraître le vin lourd, sans grâce, et on dira qu'il est mou... il est comme un pain sans levain.

Un excès d'alcool (dans le cas où le producteur a trop ajouté de sucre au moment de la fermentation, ce qui augmente le degré alcoolique), et donc pas assez de tannins et d'extraits pour le contrebalancer, fera que le vin manquera de substance et de fruité, et on le décrira comme un vin maigre, décharné, manquant par conséquent de chair.

C'est tout cela, en ce qui concerne l'équilibre ou son absence, qu'on doit noter chez un vin, en indiquant s'il y a lieu la nature du ou des défauts.

Le rôle complexe des tannins

Sans tannins, pas de vin, ou en tout cas pas de vin rouge, pourrait-on dire.

Les tannins, ou le tanin comme on dit aussi, ont en effet pour les vins rouges un rôle d'une importance insoupçonnée.

En fait, et quel que soit le point de vue où on se place, c'est toujours en bonne partie la quantité et la qualité des tannins qui font que les vins sont bons ou mauvais.

Ainsi, leur goût, leur longévité, l'équilibre gustatif plus ou moins réussi de leurs différentes saveurs en dépendent largement... mais aussi leur dureté ou leur souplesse (le vin est âpre, ou au contraire coulant, velouté), puis leur persistance, c'est-à-dire, comme on sait, le temps durant lequel le goût du vin nous reste dans la bouche après qu'on l'a avalé.

Les spécialistes de l'élaboration des vins, les œnologues, définissent les tannins comme des composés phénoliques ou polyphénols. On peut dire, plus simplement, qu'il s'agit de substances d'origine végétale, au goût d'habitude plus ou moins amer et astringent.

Des substances, en fait, comme on en trouve par exemple dans les artichauts, les noix encore vertes, et dans le tan, qui est de l'écorce de chêne pulvérisée dont on se sert pour *tanner* les peaux, c'est-à-dire les transformer en cuirs.

Les peaux des raisins, les pépins et les râfles (la partie boisée qui tient les raisins en grappe) contiennent des tannins qui passent dans le vin pendant la fermentation, la quantité de tannins pouvant beaucoup varier d'une variété de raisins à une autre.

Une autre source de tannins, pour les vins qu'on fait vieillir dans des barriques de chêne, est le bois des tonneaux. Le bois est riche en tannins, dont une partie se dissout dans le vin.

De leur côté, comme on sait, la très grande majorité des vins blancs ne contiennent à peu près pas de tannins. Ceci, rappelons-le, est dû au fait que, pour les blancs, on ne fait fermenter que le jus des raisins, en écartant dès le départ les peaux, les pépins et les râfles.

Le dosage des tannins

L'un des aspects les plus importants de l'art du vigneron et de l'œnologue est de bien doser les différents composants du vin, en tout cas ceux qu'il peut effectivement doser.

Le tanin est de ceux-là, et les moyens qu'a le vigneron pour y arriver sont relativement nombreux.

Ainsi, la récolte est-elle bonne, les raisins bien mûrs et riches en saveurs, on mettra à fermenter une bonne quantité de râfles avec les raisins, ce qui produira plus de tannins.

Dans le même but, on laissera les peaux et les pépins dans le vin encore une certaine période de temps après la fermentation.

La fermentation terminée, on procède, comme on sait, à l'écoulage, ce qui consiste à retirer le vin de la cuve. Mais on obtient alors deux vins. D'abord le vin de goutte, c'est-à-dire celui qui s'écoule de la cuve, le plus limpide; et puis le vin de presse, qu'on obtient celui-là en pressant tout ce qui reste au fond de la cuve (le marc) et qui est très riche en tannins.

Le vigneron a alors, encore une fois, le moyen de doser les tannins. S'il en veut beaucoup, il mêle une bonne partie du vin de presse au vin de goutte, ou alors seulement une petite partie, etc.

Enfin, la durée plus ou moins longue du vieillissement en fûts ou en grandes barriques de bois sera un autre moyen de régler la quantité de tannins présents dans le vin. Car plus le vin vieillit longtemps en fûts, plus les fûts lui cèdent de tannins.

Les goûts des tannins

On pourrait croire que les tannins ont peu de goût.

Ils ont au contraire des saveurs végétales et boisées «variées et très complexes», très différentes selon la variété de raisins, l'état de maturité de ceux-ci au moment de la récolte, la quantité de râfles mises dans la cuve, etc. La qualité de leurs saveurs varie elle aussi énormément. Des tannins sont fins et savoureux, d'autres ont des saveurs désagréablement amères, d'autres encore ont des saveurs plaisantes mais rustiques et donc manquant de finesse, etc.

Les tannins provenant des fûts auront un goût différent de ceux qui proviennent des raisins... mais pourront eux aussi varier, en quantité et en qualité, d'un vin à un autre, selon la proportion de barriques neuves utilisées, la provenance géographique du bois des fûs, les techniques de fabrication des fûts, etc.

Parmi les saveurs qui sont propres à tous les tannins, et bien connues, il y a l'amertume et l'astringence, qu'il est toutefois souvent difficile de dissocier.

En gros, on peut dire que l'amertume est ce goût qu'on trouve dans le café bu sans sucre et sans lait, alors que l'astringence est cette sensation de rugosité et d'assèchement que laisse par exemple le thé qui a trop infusé, et dont l'effet sur la langue n'est pas très différent de celui du tannage sur les peaux d'animaux.

Les tannins évoluent

Un autre phénomène important est celui de l'évolution des tannins, pendant le vieillissement en fûts et surtout en bouteilles.

Deux constituants des vins rouges composent la lie qui se forme avec les années, à savoir les pigments (les éléments de la couleur, les anthocyanes) et les tannins.

Un phénomène parallèle à la formation de la lie est ce qu'on appelle l'assouplissement, les tannins perdant alors, peu à peu, leur astringence, cependant que leurs saveurs se fondent à toutes les autres. (Il y a toutefois des vins qui restent astringents toute leur vie, par exemple la plupart des Barolo, ou encore qui perdent leur fruité, sèchent, comme on dit, et dont les tannins prennent alors une astringence désagréable.)

Et puis... il y a les multiples rôles des tannins, comme on le voyait au début.

Par exemple, ainsi que je le soulignais plus haut, ce sont leurs saveurs qui font la différence entre vins rouges et vins blancs; ils déterminent la durée de la vie du vin, car celui-ci en a besoin d'une bonne quantité pour vieillir de longues années; ce sont eux qui font dans une large mesure qu'un vin est corsé ou pas, et ils ont dans ce domaine plus d'importance que le fruité et l'alcool; la texture toute spéciale des vins rouges, leur consistance en bouche, provient essentiellement des tannins; ils jouent aussi en partie le rôle d'anti-oxydants, protègent le vin contre le vieillissement prématuré, etc.

Les acides du vin

Les vins ont considérablement changé depuis le début des années cinquante, au point qu'on parle aujourd'hui de vins «modernes», souvent agréables à boire même quand ils sont jeunes.

En gros, on peut dire que les vins sont devenus plus souples (moins astringents et moins acides), plus mœlleux à cause de leur degré d'alcool qui a augmenté[1] et aussi qu'ils conservent le fruité du raisin mûr beaucoup plus que les vins d'autrefois.

Ces changements sont dûs essentiellement aux découvertes de l'œnologie (la technique d'élaboration et de conservation des vins), laquelle est aujourd'hui bien implantée et enseignée depuis 1955 au niveau universitaire en France et ailleurs en Europe.

Le plus fondamental de ces changements, et donc «la découverte la plus importante de l'œnologie moderne», concerne l'acidité. «La diminution d'acidité totale est spectaculaire puisqu'elle représente un gramme par litre[2] (de vin), note à ce sujet l'un des principaux artisans de cette transformation, le même... Émile Peynaud.

Ainsi, jusque vers 1952, les vins rouges du Médoc et des Graves (Bordeaux) renfermaient en moyenne pas loin de 4,5 grammes d'acidité totale par litre. Depuis, celle-ci se situe à environ 3,5 grammes, ou même 3,4.

---

1. Deux raisons expliquent cette hausse du degré alcoolique: on chaptalise maintenant très fréquemment (ajout de sucre au moût avant la fermentation) et on cueille les raisins plus tard qu'autrefois, la quantité de sucre qu'ils renferment augmentant avec leur degré de maturité.

2. *Le vin de Bordeaux et du haut-pays.*

Le rôle de l'acidité

Comme on sait, l'acidité joue un rôle primordial dans le goût du vin et dans l'équilibre de ses saveurs. Trop d'acidité, et le vin est vert... comme une pomme encore verte, acidulé, parfois acerbe au point de faire grincer des dents. Par contre, un manque d'acidité fait paraître le vin mou, c'est-à-dire lourd, sans grâce.

L'autre facteur qui rend son rôle encore plus important est le fait que, dans les vins, rappelons-le, les saveurs acides et amères se renforcent mutuellement. Plus l'acidité d'un vin rouge est élevée, plus elle accentue les saveurs amères de ses tannins, et vice-versa.

À cause entre autres de cette diminution marquée de leur acidité, les vins sont donc beaucoup plus tendres et plus veloutés qu'auparavant, ce qui est un net progrès sur le plan de la qualité.

Comment en est-on arrivé à ce résultat? (Un résultat d'autant plus étonnant, soit dit en passant, qu'il représente un renversement complet par rapport à autrefois, alors qu'on croyait que le vin devait avoir une acidité élevée pour se conserver. Aujourd'hui, ainsi qu'on l'a vu plus tôt, on estime que c'est d'abord et avant tout leurs tannins — en ce qui regarde les vins rouges — qui assurent leur longévité.)

Trois progrès expliquent cette baisse généralisée de l'acidité des vins — du moins des vins français.

D'abord, on connaît beaucoup mieux les phénomènes de la croissance du raisin. Celui-ci, à mesure qu'il mûrit, perd de son acidité. Or, on sait maintenant mesurer avec précision son degré de maturité, et à cause de cela on cueille les raisins quand ils sont bien mûrs, «on vendange nettement plus tard qu'au début du siècle».

Les techniques utilisées pour la fermentation se sont de leur côté grandement améliorées. De la sorte, on maintient à un niveau très bas la quantité d'acide acétique (l'acide du vinaigre) se formant dans les vins, qui, s'il y en a trop, leur sera très nuisible.

«Enfin, le progrès principal, sans doute celui qui a le plus transformé le type de vin, est la généralisation de la recherche de la fermentation malolactique, qui a permis de faire chaque année, même à partir de vins acides, des vins d'acidité faible.»

De quoi s'agit-il?

La fermentation malolactique

Le jus, le moût comme on dit également, subit d'abord la fermentation alcoolique. Sous l'action des levures, le sucre est transformé en alcool et en gaz carbonique. Le gaz carbonique finit par s'échapper, et il reste le vin.

Cette fermentation est toutefois suivie par une seconde fermentation... dont on ne savait à peu près rien jusqu'aux années 30! Depuis, on en a découvert l'utilité, et on sait maintenant la diriger et même provoquer son déclenchement au besoin.

Elle consiste grosso modo en ceci.

D'une extraordinaire complexité, la fermentation alcoolique donne lieu, à compter des premiers jours, à la formation graduelle de bactéries comme on en trouve dans les produits laitiers — les bactéries lactiques.

Celles-ci demeurent un temps inactives, en période de latence, disent les chimistes. Puis, une fois la fermentation alcoolique terminée, ces bactéries s'attaquent à l'acide malique, qui est l'acide au goût le plus acerbe que renferme le vin. Les bactéries lactiques font ainsi fermenter l'acide malique, qu'elles transforment donc en gaz carbonique et en un acide au goût moins mordant, l'acide lactique. De là l'expression fermentation malolactique... le phénomène étant également appelé simplement la *malo* dans le milieu du vin.

On observe alors «une diminution de l'acidité totale qui peut atteindre 1, 2 et même 3 grammes par litre», tant l'acide lactique a des saveurs peu agressives. «Il en résulte au point de vue gustatif une amélioration considérable.»

La baisse d'acidité n'est pas le seul résultat que l'on obtient, puisque cette seconde fermentation enrichit également les odeurs et le goût du vin.

La fermentation malolactique ne se produit toutefois qu'à certaines conditions (température relativement élevée du vin, aération du vin, etc.) mais on sait aujourd'hui comment obtenir ou tenter d'obtenir les conditions voulues. Par exemple, on chauffera le chai pour la déclencher.

En règle générale, enfin, les vignerons cherchent à faire faire à tous les vins rouges leur fermentation malolactique. Au contraire, ils chercheront à l'éviter pour certains vins blancs secs, pour des rosés, ou encore pour des vins liquoreux comme les Sauternes, auxquels on veut laisser le mordant que leur donne l'acide malique, pour contrebalancer leur goût sucré.

Les différents acides

Le vin renferme plusieurs dizaines d'acides organiques, c'est-à-dire qui proviennent du produit vivant qu'est le raisin ou de sa transformation par les levures.

Là-dessus, cependant, seulement six acides sont en quantité suffisante pour qu'on en fasse état. À savoir les acides tartrique, malique et citrique, tous trois provenant du raisin; et puis les acides succinique, lactique et acétique qui, eux, sont produits au cours de la fermentation.

Le vin étant un produit extraordinairement complexe, chaque acide a son goût particulier et son rôle propre...

Tartrique: c'est le plus abondant, il représente «le tiers ou le quart des acides du vin.» Il a un goût dur. C'est l'acide essentiel, celui qui donne au vin «sa forme acide, son goût, sa tenue. S'il disparaît, le vin paraît mou et plat.»

Malique: sa saveur est acerbe, comme celle du raisin encore vert. Beaucoup de vins blancs lui doivent leur mordant. Dans les vins rouges qui ont fait leur fermentation malolactique, il n'en reste théoriquement plus, quoique la *malo* ait été parfois seulement partielle, auquel cas le vin renferme encore un peu d'acide malique.

Citrique: peu abondant, il a un goût frais, et donc agréablement acide. Mais lui aussi, comme l'acide malique, est attaqué par les bactéries lactiques, et bien souvent le vin n'en contient plus.

Succinique: «C'est l'acide du vin qui possède le plus de goût; il donne aux boissons fermentées ce type savoureux qu'elles ont en commun.»

Lactique: formé au cours de la fermentation malolactique, il a une saveur peu agressive, aigrelette et sure.

Acétique: c'est, pourrait-on dire… le délinquant du vin! Il est normal qu'il s'en forme une certaine quantité au cours des deux fermentations, mais il arrive aussi, pour diverses raisons (température de fermentation trop élevée, barriques mal fermées, etc.) qu'il s'en forme trop. Le vin prend alors des effluves désagréables de vinaigre, et il laisse un arrière-goût âcre dans la bouche. C'est cet acide, enfin, qui est le constituant de l'acidité volatile.

Chauffez un vin, distillez-le, explique Peynaud.

Une partie — les acides, les tannins et les pigments de la couleur — restera où elle est, dans la cornue qu'on a chauffée, formant le résidu.

L'autre partie, l'alcool et l'acide acétique (appelée à cause de cela l'acidité *volatile*) passera dans la seconde cornue, formant ce qu'on appelle le distillat.

De là les notions d'acidité fixe, volatile et totale.

L'acidité fixe est la somme des acides restés dans la première cornue; l'acidité volatile est formée par l'acide acétique qui est passé dans la seconde cornue; l'acidité totale, enfin, est la somme des deux, et c'est d'elle qu'on parle quand on dit d'un vin qu'il a tant ou tant de grammes d'acidité par litre.

D'autres questions

On peut se poser quelques autres questions sur le vin qu'on goûte (le lecteur trouvera en fin de volume un tableau où figurent la plupart de celles qu'un dégustateur se pose, pour tenter d'analyser un vin sous à peu près tous ses aspects).

Par exemple, on se demandera si le vin est peu alcoolisé, normalement alcoolisé, bien alcoolisé. S'il est trop riche en alcool, le vin chauffera le dessus de la langue, et même parfois toute la bouche. Dans ce cas, rappelons-le, le vin sera parfois déséquilibré, l'excès d'alcool pouvant masquer le fruité et rendre le vin décharné, comme une sauce trop poivrée qui ne goûte que le poivre!

La bouche suit-elle? se demandera-t-on également. Autrement dit, le goût est-il conforme à ce qu'annonce le bouquet, comme cela doit être? Il existe ainsi des vins au bouquet très séduisant, mais qui, en bouche, manquent de substance et de saveurs. La bouche ne suit pas, dit-on. Ou au contraire, le vin n'a pas de bouquet ou presque pas, tout en ayant de riches saveurs. Il est meilleur en bouche, fait-on observer en pareil cas.

Le visage changeant du vin

Selon que nous la voyons de face ou de profil, la même personne peut nous paraître très différente, surtout s'il agit de quelqu'un qui nous est inconnu.

Le vin est encore plus changeant, en ce sens que les conditions et les circonstances dans lesquelles on le boit feront assez souvent paraître le même vin passablement différent d'une fois à l'autre.

Un exemple?

Servie dans plusieurs types de verres, la même quantité d'un même vin aura une intensité odorante très variable selon le verre.

Un verre trop profond ou à l'ouverture très grande fera ainsi paraître l'odeur peu prononcée. Dans le cas du verre trop profond, parce que le nez reste loin de la surface à sentir; dans le cas d'une trop grande ouverture, parce que les narines n'aspirent pas que les odeurs du vin, mais aussi l'air extérieur.

Avec au contraire un verre bien fait, en forme d'œuf tronqué, le bouquet sera amplifié et on en distinguera plus facilement toutes les nuances. (Le meilleur des verres de ce genre, que je recommande, est le verre à dégustation normalisé — c'est celui de droite (ci-contre) — qui est le verre utilisé dans la plupart des concours internationaux et avec lequel on peut déguster toutes les sortes de vins, y compris les vins mousseux.)

La quantité de vin a elle aussi son importance.

Comme on peut le vérifier par soi-même en remplissant quelques verres à des niveaux différents, trop peu de vin, et le nez est faible et peut sembler sans complexité. Juste assez (environ deux cinquièmes de la contenance du

*Dans le verre de droite,
le vin aura plus d'odeurs.*

verre, ou au maximum la moitié), et le nez est plus prononcé et le vin montre ses diverses nuances.

La température

La température à laquelle on sert le vin est capitale...
si bien qu'en dégustation professionnelle «deux verres
d'un même vin, présentés à des températures différentes,
peuvent être considérés comme des vins différents», c'est-
à-dire qu'il y aura des différences assez marquées, à la fois
dans l'odeur et dans le goût du vin.

Pour le nez, on peut dire en gros que les odeurs sont
portées à leur maximum quand le vin est servi à 18° C (64°
F). Chez le même vin bu à 8° C (46° F), elles seront à peu
près inexistantes... si bien qu'une façon de camoufler les
nuances odorantes peu agréables d'un vin sera de le servir
relativement frais.

Le goût du vin est lui aussi grandement modifié par la
température, le froid atténuant l'acidité mais renforçant
l'amertume provenant des tannins. Inversement, le chaud
accentue l'acidité et diminue l'impression d'amertume.
(Un truc pour se souvenir de ce phénomène est qu'on sert
froid les vins blancs, en règle générale passablement acides, ce qui réduit l'impression d'acidité, alors que c'est
exactement l'inverse pour l'amertume qui est réduite par
le chaud.)

Résultat, il suffira d'une différence de seulement deux
degrés Celsius entre deux verres du même vin rouge riche
en tannins... pour qu'un dégustateur juge différente la
quantité de tannins des deux vins!

La conclusion pratique est que plus un vin est acide et
plus il sera indiqué de le servir frais ou froid. Par contre,
plus il est tannique et plus il sera préférable de le servir à la
température ambiante ou à une température qui s'en
approche.

En mangeant ou pas

Jamais on ne mange dans les dégustations à caractère technique ou professionnel.

Car, comme on l'a vu brièvement, le fait de manger ou pas en les goûtant a une grande influence sur le jugement qu'on porte sur les vins, qui nous semblent immanquablement bien différents selon le cas.

Il faut dire d'abord que goûter des vins à froid, sans manger, est un exercice... sans pitié pour les vins. Leurs défauts ressortent alors crûment, à tel point qu'il faut veiller à ne pas se les exagérer.

Si on goûte le vin en mangeant (comme on le fait presque toujours), la nature du plat avec lequel on le prendra modifiera grandement l'impression laissée par le vin. Ainsi, un bon fromage bien mœlleux fera paraître tout à fait acceptable un vin trop tannique; le citron ou une sauce bien citronnée accentuera la sensation d'acidité; la viande nous fera paraître les vins à la fois moins amers et plus acides. À cause du même phénomène, un vin fortement tannique et très corsé semblera nettement moins corsé à partir du moment où on le boira avec du fromage ou de la viande, le corps du vin dépendant dans une large mesure, comme on sait, de sa richesse en tannins et de l'impression que laissent ceux-ci en bouche.

A-t-on faim, ou est-on au contraire rassasié au moment de la dégustation, cela changera aussi notre perception du vin. Idéalement, signalent tous les grands dégustateurs, il faut goûter quand on a faim, ce qui aiguise les facultés gustatives.

Mais il n'y a pas que les aliments solides à changer l'allure du vin, il y a aussi... ce qu'on boit, avant ou avec lui.

Par exemple, on verra mieux la complexité et la beauté d'un très bon vin en le faisant précéder par un autre du même type, mais de moins grande qualité (et dont il est toujours utile de garder un verre pour le comparer au second).

Ou alors, on boira deux vins ensemble, côte à côte, même des vins très différents l'un de l'autre… ce qui presque immanquablement nous les fait voir sous un jour tout à fait nouveau. Par exemple, on mettra sur la tale, avec la bouteille qu'on vient de déboucher, le vin qui nous reste de la veille et qu'on aura conservé jusque-là au réfrigérateur, ou dans une demi-bouteille. Évidemment, «il est parfaitement possible de juger un bon vin par lui-même, mais ses véritables qualités apparaissent dans une perspective beaucoup plus saisissante quand on le boit avec un autre vin, même de style différent.»

Dans tous ces cas, le vin reste bien sûr, au fond, ce qu'il est, les vrais changements étant ceux qui se produisent dans nos facultés et nos organes gustatifs qui sont largement conditionnés par les facteurs dont il vient d'être question, et qui ne sont pas les seuls…

V

La fiche
de dégustation
et le vocabulaire

Certains amateurs comptent uniquement sur leur mémoire pour se souvenir des vins qu'ils goûtent.

D'autres soutiennent que la rédaction de fiches de dégustation, où on décrit et juge les vins, gâte leur plaisir. «C'est trop technique. Ça m'empêche de vraiment les apprécier», entend-on dire parfois.

Faut-il en faire? Ou est-il préférable de s'en abstenir?

Chose certaine, rien ne remplace, comme outil d'apprentissage de la dégustation, l'habitude de faire une fiche sur chaque vin qu'on goûte... ce qui n'est pas forcément difficile en dépit du côté un peu technique du mot «fiche!»

Elle peut être faite de bien des manières.

Le plus simple, surtout au début, est d'utiliser un simple cahier d'écolier, ou encore un cahier à anneaux à feuilles volantes, dans lequel on collera les étiquettes et notera ses observations.

Ou encore, on utilisera des fiches de carton comme on en trouve dans le commerce, petites ou grandes, auxquelles on agrafera les étiquettes.

Les avantages

Les avantages qu'on en retire sont multiples.

Le plus important est que cela nous amène, par la force des choses, a beaucoup mieux percevoir chaque vin sous tous ses aspects. Par exemple, on s'habitue de cette manière à déterminer assez rapidement l'intensité odorante, puis à décrire l'odeur dominante de chaque vin, etc.

«La nécessité de décrire clairement les caractères d'un vin, de rédiger des conclusions, oblige à un effort d'analyse favorable à la précision des commentaires et à la prise de parti (*la conclusion qu'on en tire sur la qualité du vin*), écrit Peynaud dans *Le goût du vin*.

Il ajoute un peu plus loin: «Décrire, c'est déjà interpréter et la conclusion juste découle de la description précise.»

Il n'est pas nécessaire, pour prendre de telles notes, de connaître déjà le vocabulaire de la dégustation.

On décrit le vin dans ses mots à soi... et puis, immanquablement, on en vient à vouloir préciser sa description et sa pensée, et on se met à la recherche du mot juste. À cause de cela, l'habitude de faire des fiches est aussi une façon d'acquérir le vocabulaire de la dégustation.

Un autre avantage souvent insoupçonné, mais qu'on a vite fait de réaliser, est qu'on apprécie beaucoup mieux un vin en faisant une fiche qu'en n'en faisant pas, contrairement à ce qu'on peut croire parfois. Parce que la fiche, en nous forçant à bien décrire un vin, nous amène en même temps à en découvrir la beauté.

La liste des avantages qu'on retire de la rédaction de fiches ne s'arrête pas là.

Comme on sait, un des outils les plus précieux de l'amateur est sa mémoire gustative, autrement dit ses souvenirs des vins dégustés, qui lui permettent de faire mentalement des comparaisons et donc de juger correctement les vins. Sans mémoire, pas de dégustateur, peut-on dire.

L'habitude de la fiche l'aide énormément en ce sens, car la description écrite des vins fait qu'il s'en souvient beaucoup mieux.

De plus, toujours grâce à ses fiches, il peut se rafraîchir la mémoire au besoin, sans parler du plaisir qu'il a à se rappeler ainsi les vins qu'il a goûtés.

Si on vit seul, la fiche est encore là un instrument précieux, permettant malgré tout de faire des comparaisons. Dans ce cas, on fait une fiche chaque fois qu'on goûte le même vin, même à intervalles rapprochés, et on compare ensuite ses différentes fiches, comme le recommande Max Léglise.

Chose à retenir, il ne faut pas se fier à sa mémoire. Autrement dit, il faut prendre ses notes au moment même où on goûte le vin.

Quels vins?

Les amateurs qui font des fiches, et ils sont nombreux, en rédigent une, d'habitude, pour chaque nouveau vin qu'ils goûtent, et pour chaque nouveau millésime des vins qu'ils connaissent déjà.

On peut aller plus loin.

Par exemple, surtout si on en a un certain nombre de bouteilles et s'il s'agit d'un vin de bonne qualité, on fera une fiche chaque fois qu'on le goûtera. Ainsi, on pourra suivre de près l'évolution du vin au cours de son vieillissement.

La façon de rédiger la fiche varie, elle, selon chacun. Même si on ne fait que noter le nom du vin et la date où on

l'a dégusté, en signalant si on l'a aimé ou pas, cela vaut
mieux que rien, estime avec raison Broadbent.

Toutefois, il est bon de faire plus que cela... Dans *Le
goût du vin*, Peynaud donne en guise d'exemple trois commentaires sur le même vin, un Beaujolais-Villages 1974.
L'un en huit mots, puis en quarante-huit, et enfin en trois
cents mots.

Dans chaque cas, il décrit la couleur, le bouquet et le
goût du vin, et il conclut par un jugement d'ordre général
comme c'est la règle habituelle en dégustation.

«Coloré; fruit mûr, framboise; vineux (*sensation veloutée et de chaleur due surtout à l'alcool*); finale ferme agréable»,
écrit-il en huit mots.

Puis en quarante-huit mots: «Belle couleur sombre.
Très net à l'odeur, arôme de fruit très mûr, framboise
écrasée, note de réglisse. À l'attaque en bouche, chaud,
comme sucré; fin de bouche ferme avec une légère amertume. Persistance aromatique (*durée de la sensation une fois le
vin avalé*) moyenne. Un Beaujolais-Villages de bonne classe
qui tiendra bien en bouteille.»

Une échelle

Il n'est pas toujours facile de quantifier avec une certaine précision, et avec des mots, des impressions olfactives
ou gustatives.

Un truc pour tenter d'y arriver, et aussi pour s'aider à
avoir les souvenirs les plus précis possible, est d'utiliser une
échelle, par exemple de 0 à 5. Cette échelle d'usage avant
tout personnel (elle ne sert donc pas à établir la note finale
qu'on peut donner au vin) sera utilisée pour des sensations
comme l'acidité, l'amertume due aux tannins, l'intensité
des odeurs, etc.

Enfin... histoire de boucler la boucle, je me permets
de reproduire la fiche que je faisais quelques jours avant
d'écrire ceci, en goûtant le dernier millésime à parvenir au

Un cahier d'écolier,
des fiches.

Québec d'un des meilleurs vins rouges d'Espagne, le Gran Coronas Penedes 77 Torres, vendu dans les Maisons des vins et des succursales régionales, et dans lequel entrent 90 p. 100 de raisins du cépage Cabernet-Sauvignon: «Robe passablement foncée, reste quand même transparente. Jeune. Nez d'assez bonne intensité (2 sur 5). Dense. Encore peu nuancé. Ne fait pas vraiment nez de Cabernet-Sauvignon. Un peu confiture. Boisé, et même bien boisé, sans que cela soit choquant ou que l'odeur de bois domine. Attaque veloutée. Acidité bien dosée (2 sur 5). Assez tannique (3 sur 5), de bons tannins, bien consistants. Très bonnes saveurs fruitées, correspondant bien à ce qu'annonce le nez, et donc avec un goût de fruits noirs, genre mûres. Bien charnu. Austère. Léger goût vanillé. Finale tannique. Bonne persistance. Un très bon vin.»

De merveilleuses comparaisons

Il n'est évidemment pas toujours facile de bien décrire les vins. D'abord parce que notre vocabulaire est forcément limité, mais aussi à cause de la difficulté de la gymnastique intellectuelle nécessaire, et qui consiste à traduire en mots des sensations souvent très complexes.

«Décrivez-moi le goût de l'ail!» a déjà dit Broadbent. Broadbent voulait ainsi faire comprendre la difficulté, mais aussi cette habitude, très fréquente chez les amateurs, de décrire par exemple le bouquet de certains vins en signalant simplement qu'ils ont l'odeur caractéristique de leur cépage, c'est-à-dire de la variété de raisin utilisé, sans chercher à décrire cette odeur en elle-même. Ainsi on dira d'un bourgogne rouge qu'il a une odeur très nette de Pinot noir, d'un bordeaux rouge qu'il a un bouquet prononcé de Cabernet-Sauvignon, etc.

Une autre façon courante et tout à fait fascinante de parler des vins, en faisant dans ce cas échec à l'impuissance des mots, est de les comparer et de les assimiler... à des êtres humains, hommes et femmes. Car les dégustateurs d'expérience voient le vin, ils le visualisent mentalement, comme si c'était non seulement un liquide mais aussi quelque chose de solide et de palpable, et même de vivant. Et rien d'aussi riche en nuances, d'aussi parlant, que l'être humain, ce qui permet d'évoquer en quelques mots des aspects des vins qui resteraient autrement indéfinissables.

Par exemple, dans son bel album *Grands vins de Bourgogne*, Hubert Duyker écrivait il y a quelques années au sujet du Musigny et du Bonnes-Mares que «les différences entre ces deux vins pourraient se comparer à celles qui séparent deux célèbres actrices de cinéma, Grace Kelly et Elizabeth Taylor: toutes deux fort belles, toutes deux femmes réputées dans le monde entier mais possédant chacune un style propre, une présence particulière et un tempérament personnel.»

Plus loin, au sujet d'un Nuits-Saint-Georges plus fin que les autres, les Vaucrains, Duyker signale qu'«il donne l'impression d'un personnage d'une stature imposante interprétant une mélodie au violon alors qu'il semble taillé pour manier des instruments à percussion.»

Michael Broadbent utilise également beaucoup de comparaisons du genre dans son livre *The Great Vintage Wine Book* (Broadbent, qui a tout bu, y commente des milliers de vins millésime après millésime après millésime...).

Sous sa plume, le Château Palmer 1909, d'appellation Margaux, devient «une vieille dame charmante» (a charming old lady); le Cos d'Estournel 1934, un des meilleurs Saint-Estèphe, «un vieil homme austère» (an austere old man); le Cheval-Blanc 1929, l'un des deux plus grands Saint-Émilion, «Marlène Dietrich, telle que je me la rappelle au cabaret dans les années 50» (like Marlene Dietrich, as I remember her in cabaret in the 1950's); le Château Lascombes 1929, aussi du village de Margaux, «un parfait gentilhomme» (a perfect gentleman), alors qu'il signale, enfin, que le Clos de Tart, un très grand bourgogne, lui fait immanquablement penser à «une blonde joufflue» (a blowsy blonde).

Cinquante mots
pour parler du vin

Les premiers vins de qualité apparurent vers le milieu du XVIIIe siècle, grâce entre autres à la mise au point de bouteilles qu'on pouvait garder couchées et à la découverte du bouchon de liège. Désormais, les vins pouvaient vieillir à l'abri de l'air, au lieu de s'altérer dans des bouteilles mal bouchées et tenues debout, ou dès qu'étaient entamés les tonneaux dans lesquels on les conservait généralement.

L'apparition de ces vins eut, à son tour, une importante conséquence.

D'une complexité jusque-là inconnue, ils entraînèrent la création d'un vocabulaire nouveau, destiné à décrire les merveilles résultant du vieillissement en bouteilles.

Ainsi, en 1779, un agronome nommé Maupin qui avait un vignoble près de Versailles, en France, utilisait un vocabulaire d'une quarantaine de mots pour décrire les vins. Bien des termes encore utilisés aujourd'hui y figuraient, dont acide, âcre, coulant, dur, fin, gracieux, maigre, etc.

Puis, peu à peu, le vocabulaire s'enrichit, à mesure que se développaient les techniques d'élaboration des vins et qu'on aprenait à mieux connaître leur composition. En français, ce vocabulaire atteignait près de deux cents mots à la fin du siècle dernier, alors qu'on en compte environ un millier à l'heure actuelle.

Ne pas charrier...

Mais il n'est bien sûr pas nécessaire de savoir tous ces termes pour bien décrire les vins. D'abord, parce qu'il y en a beaucoup qui ont le même sens ou à peu près. Souple, coulant, velouté, sont ainsi des synonymes.

En deuxième lieu parce que le vocabulaire utilisé est un vocabulaire imagé, riche en comparaisons, et que rien ne nous empêche donc, vous et moi, d'employer aussi des mots et des expressions de notre invention. Toutefois, il faut évidemment veiller à ne pas charrier et il faut être toujours clair... les mots et les expressions trop compliqués ou incompréhensibles ne servant bien souvent qu'à masquer l'ignorance de leur auteur, là comme dans d'autres domaines!

Cela ne veut pas dire qu'il faut rejeter le vocabulaire existant.

Ce dernier est au contraire extrêmement utile, et la plupart des amateurs chercheront à enrichir continuellement le leur. Ne serait-ce qu'afin de se faire comprendre sans difficulté, mais, également, parce que tous ces mots sont fondés sur des phénomènes précis. Et en apprenant les mots par lesquels on les désigne, ce sont les phénomènes eux-mêmes qu'on apprend à mieux connaître.

Parmi les mots les plus fréquemment utilisés, en voici une cinquantaine pouvant servir à la description des vins blancs et rouges, et qui résument grosso modo ce qu'on peut dire des vins.

En règle générale, les propos qu'on échange entre amis et même entre amateurs d'expérience, se résument d'abord à un jugement sur la qualité de chaque vin. Là... il n'y a pas de limites à ce qu'on peut dire, le tout étant de se faire comprendre. «Magnifique!», «extraordinaire», «pas mauvais», «quelconque», on peut tout dire et on en entend de toutes sortes!

Et puis on entre dans les détails.

Si on a aimé le vin, on le dira *plaisant*. S'il était un peu plus que plaisant, on le dira *agréable*, puis *charmant, char-*

meur, séduisant. Mais là aussi, il y a bien sûr place également pour des mots à soi.

En ce qui regarde la classe ou la qualité du vin, ou encore sa *race* comme le veut aussi l'expression, on parlera de vins *fins*, et puis *racés*, ce qui est mieux et décrit les meilleurs vins. Ou alors il s'agira à l'opposé de vins *rustiques*, c'est-à-dire qui peuvent être agréables mais dépourvus de la finesse des premiers. S'ils ne sont pas bons, on les dira *grossiers*, sans oublier les vins intermédiaires qu'on qualifiera par exemple d'*honnêtes*.

Un pas de plus, et on voudra maintenant parler du corps du vin et aussi de la richesse ou de l'absence de richesse de son goût.

Un vin sera très *corsé*, un autre *léger*, avec toutes sortes de niveaux intermédiaires entre ces extrêmes. Mais ce que cherchera surtout à décrire l'amateur sera la richesse de son goût: le vin qui a tout ce qu'il faut sur ce plan sera dit *complet*, ou alors on parlera de vins *amples*, *complexes*, *riches*, *concentrés*, *profonds*, *puissants*, etc., et donc riches en saveurs... ce qui ne signifie pas que ces vins soient nécessairement complets. Pour les vins qui au contraire manquent de goût et de substance, comme du thé qui n'a pas suffisamment infusé, on dira qu'ils sont *minces*, *maigres*, *aqueux*, les trois termes étant plus ou moins synonymes.

Plein, gras...

Certains termes couramment utilisés, mais au sens flottant, sont contestés.

L'un de ceux-ci, d'usage fréquent, est l'adjectif *plein*. En gros, on lui donne à peu près la même signification que complet, mais dans un sens affaibli. Un vin plein est un vin dont on estime qu'il ne pourrait être plus substantiel compte tenu de son corps, et qui a par conséquent tout le fruité, l'acidité et les tannins voulus.

Un autre pas de plus et on voudra cette fois définir la consistance du vin, c'est-à-dire ce qu'on perçoit «par le sens du toucher buccal», de la même façon qu'on perçoit la consistance d'une boisson gazeuse, qui peut être plate, bien gazeuse, sirupeuse, etc.

Les meilleurs vins sont *gras* (on le dit surtout des rouges), parce qu'ils laissent dans la bouche une sensation d'onctuosité s'apparentant à celle que procurent les matières grasses. Ou alors on dira qu'ils sont *charnus*, ce qui a à peu près le même sens mais en un peu moins élogieux. S'il s'agit d'un vin blanc, on dira plutôt, pour signifier la même chose, qu'il est *mœlleux*, ou qu'il a du *mœlleux*, ce qui est cependant une qualité moins recherchée que le gras chez les rouges [1].

Dans le cas de vins peu acides et peu tanniques, ou alors dont les tannins n'ont rien de rugueux, on parlera de vins *souples*, *coulants*, *veloutés*, *gouleyants*.

Si le vin est au contraire trop acide ou trop tannique ou les deux à la fois, il s'agira d'un vin *dur*, quoiqu'on puisse parler en même temps de vins *revêches*, *rebutants*, etc. Très acide seulement, on le dira par exemple *acerbe*, alors qu'on jugera *âpre* un vin trop tannique et aux tannins rébarbatifs.

L'acidité joue un rôle déterminant dans le goût des vins blancs, qui, comme on sait, sont à peu près complètement dépourvus de tannins.

D'un vin qui manque d'acidité, on dira qu'il est *mou*, *plat*, *lourd*, mais cela se dit aussi des rouges. Si l'acidité est au contraire bien dosée, ce sera un vin *mordant*, *vif*, *frais*.

Autre notion fort importante et dont il a déjà été question, l'équilibre ou ce qu'on appelle l'harmonie des goûts

---

1. Le qualificatif mœlleux est aussi employé dans le sens de sucré pour les vins blancs de dessert, tels les Sauternes.

du vin. Les saveurs s'équilibrent-elles, sans par exemple que les tannins masquent le fruité, etc., on dira que le vin est *équilibré, bien fait,* ou encore *bien constitué.* Dans le cas contraire, on parlera de vin déséquilibré, ce qui peut être dû à un excès ou à un manque d'acidité, de tannins, de fruité ou encore d'alcool.

Pour les odeurs du vin, comme on l'a vu, on en déterminera d'abord l'intensité. On dira ainsi que le vin est *fermé* (encore sans odeurs), ou alors que le bouquet est *discret, satisfaisant* ou bien *intense.* Pour la nature des odeurs... il n'y pour ainsi dire pas de limites aux termes et aux comparaisons qu'on utilise, «tantôt fleurs, tantôt fruits, tout y passe et tout peut y passer» car, comme on sait, les substances odorantes du vin sont au nombre de plusieurs centaines.

VI

Le vin à table

Servi avec insuffisamment de soin, par exemple à une température inadéquate ou avec le mauvais plat, le meilleur vin pourra sembler décevant.

Ainsi, on n'appréciera pas à sa juste valeur un bon bourgogne blanc servi trop froid, alors que ses véritables saveurs deviendraient mieux perceptibles à une température un peu plus élevée. Bu, de son côté, avec un plat de tous les jours, un grand bordeaux rouge en souffrira et on verra moins bien la complexité de son goût.

Que faire et comment procéder? En quoi consiste, autrement dit, le service des vins?

En fait, les règles à suivre ne sont pas tellement nombreuses et peuvent se résumer à ce qui suit.

Le mieux (pour ne pas avoir par la suite de surprise désagréable) est de commencer à donner au vin les soins nécessaires dès l'achat de la bouteille. On la place à quelques pouces d'une ampoule électrique, et par transparence on voit alors si le vin renferme un dépôt, au bas de la bouteille ou le long de celle-ci.

S'il est brouillé, ce sera signe, de même, que le vin contient un dépôt, mais que celui-ci s'est mêlé au vin et y est pour l'instant en suspension.

Dans les deux cas, on laissera de telles bouteilles reposer debout au moins de deux à cinq jours avant de les servir, pour que la lie puisse se déposer au fond et afin d'éviter de servir un vin brouillé. Une fois ouvertes, on manipulera ces bouteilles avec douceur. On servira par exemple le vin en laissant la bouteille penchée, et donc sans la redresser en allant d'un verre à l'autre.

En règle générale, seuls les vins rouges de qualité, et encore d'un certain âge, contiennent un dépôt.

Finalement, si le dépôt est trop abondant, ce qui est rare, on décantera le vin après avoir gardé la bouteille debout également plusieurs jours. Verser le vin dans la carafe lentement, en plaçant le goulot de la bouteille devant la flamme d'une chandelle, de façon à voir, par transparence, la lie arriver au goulot (on cesse alors de verser). À défaut de carafe on utilisera une bouteille bien propre.

Le débouchage et les verres

On entend toutes sortes de choses sur le moment où il faut procéder au débouchage du vin... et comme bien d'autres je me suis longtemps cassé la tête avec cela. La règle, toute simple, est de déboucher la bouteille juste avant de servir. Une fois dans le verre et la bouteille ouverte, le vin, s'il a besoin d'oxygénation pour s'épanouir, le fera dans la très grande majorité des cas en vingt à trente minutes au maximum.

La seule exception sera les vins qu'on connaît bien, dont on sait précisément combien de temps ils mettent à acquérir tout leur bouquet, et qu'on pourra ouvrir un peu à l'avance. Enfin, ne jamais ouvrir ni servir à l'avance les vins âgés (quinze ans et plus), ceux-ci perdant souvent très rapidement tout leur bouquet, parfois en une dizaine de minutes seulement.

Une question souvent négligée est celle des verres. Lesquels utiliser?

Un beau vin a toujours une belle robe appétissante, et c'est le premier plaisir qu'il donne. Il faut donc, pour bien goûter ce plaisir qui prépare aux autres, éviter les gobelets de métal, par exemple en étain, mais aussi les verres de couleur, soit fumés, soit bleutés, soit rosés, etc., qui altèrent la robe du vin. Dans un verre parfaitement transparent, la couleur du vin nous apparaît, au contraire, dans toute sa beauté.

Traditionnellement, chaque vin avait son verre (le gobelet bourguignon, le verre à bordeaux, etc.). On s'aperçoit, aujourd'hui, que seulement deux critères devraient nous guider dans le choix du verre. Sans être trop grand, il doit l'être assez, toutefois, pour contenir quelque chose comme deux onces de vin, ou un peu plus de cinquante millitres, une fois rempli à moitié au maximum. Écarter, donc, les verres trop petits. Deuxièmement, il faut choisir un verre dont la partie supérieure se resserre, comme un œuf tronqué, par rapport au fond. Parce que, ainsi, rappelons-le, les substances volatiles et odorantes deviennent plus concentrées à la surface du vin, plutôt que de s'échapper rapidement, et que le bouquet est beaucoup mieux perçu.

La solution idéale et la plus économique, aux yeux de bien des amateurs, est ce qu'on appelle le verre universel, ou verre à dégustation normalisé, ou encore verre I.N.A.O. [2], dont j'ai déjà dit un mot au chapitre précédent.

Ce verre existe en deux formats. Le petit, l'officiel, d'une contenance totale de sept onces (215 ml), dans lequel

---

2. Du nom de l'Institut national des appellations d'origine (France), qui a conçu le modèle le plus connu.

on sert environ une once et trois quarts de vin (50 ml) et qui est à mon sens le meilleur. Le plus grand, avec une contenance de onze onces (330 ml), où on sert environ trois onces de vin (80 ml), et que certains préfèrent au premier[1].

L'exception sera les mousseux et le champagne, pour lesquels les meilleurs verres sont non pas les coupes plates traditionnelles, mais les verres en forme de flûtes, qui favorisent la montée de la mousse, bien qu'on puisse également utiliser le verre à dégustation.

La température des vins

Sur la température à laquelle servir les vins, on peut dire en gros qu'on boit souvent les blancs trop froids et les rouges trop chauds. Trop froids, certains blancs perdent beaucoup de leurs qualités gustatives. Trop chauds, les rouges pourront entre autres sentir assez fortement l'alcool, ce qui masquera leurs autres arômes.

Le mieux, pour les rouges, sera de boire frais les petits vins, Minervois, Côtes du Rhône, Bourgueil et Chinon, Valpolicella, Dolcetto d'Alba, etc. ainsi que les Beaujolais et les Mâcon (les mettre par exemple quarante-cinq minutes au réfrigérateur si on vient tout juste de les acheter ou si on les garde à la température de la pièce).

Les meilleurs vins, eux, seront servis à environ 16° ou 17° C (61° à 64° F), ce qui est bien sûr beaucoup plus froid que les températures excessives auxquelles on a parfois l'habitude de les boire.

On doit boire pas trop froids les meilleurs bourgognes blancs (12° à 14° C), pour que ressortent toutes leurs qualités, alors que les autres blancs sont meilleurs plus froids, notamment les mousseux, les champagnes et les Sauternes (vins de dessert).

---

1. Ces verres à dégustation ne sont malheureusement pas faciles à trouver... À Montréal, on les vend à ma connaissance à un seul endroit, la Maison des verres, 2001, rue de l'Université, tout près des grands magasins.

Températures
de service des vins

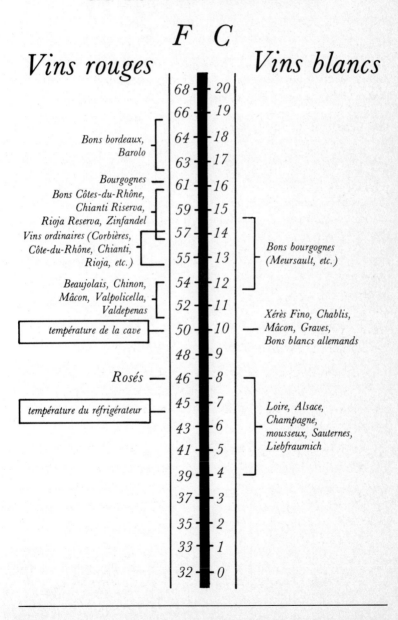

F C

Vins rouges   *Vins blancs*

Bons bordeaux,
Barolo — 64 · 18 / 63 · 17

Bourgognes —
Bons Côtes-du-Rhône,
Chianti Riserva,
Rioja Reserva, Zinfandel
Vins ordinaires (Corbières,
Côte-du-Rhône, Chianti,
Rioja, etc.)

Bons bourgognes
(Meursault, etc.)

Beaujolais, Chinon,
Mâcon, Valpolicella,
Valdepenas

température de la cave

Xérès Fino, Chablis,
Mâcon, Graves,
Bons blancs allemands

Rosés — 46 · 8

température du réfrigérateur

Loire, Alsace,
Champagne,
mousseux, Sauternes,
Liebfraumich

68 · 20
66 · 19
64 · 18
63 · 17
61 · 16
59 · 15
57 · 14
55 · 13
54 · 12
52 · 11
50 · 10
48 · 9
46 · 8
45 · 7
43 · 6
41 · 5
39 · 4
37 · 3
35 · 2
33 · 1
32 · 0

Après deux à trois heures de séjour au réfrigérateur, les blancs ordinaires seront prêts à servir. La méthode la plus rapide pour les refroidir, cependant, est le seau à glace, ou le grand pot de plastique à jus de fruit. Quinze ou vingt minutes de séjour dans l'eau et la glace suffisent alors pour abaisser la température d'un bourgogne, et vingt-cinq à trente pour un mousseux, un champagne ou un blanc ordinaire.

Ou encore, comme on le verra, on utilisera le congélateur, où on laissera les vins à peu près le même temps que dans le seau à glace.

On trouvera, ci-contre, un tableau des températures auxquelles servir les différents types de vins.

Dans quel ordre servir les vins?

Quoi de plus gai que de servir plusieurs vins au même repas, et de sortes différentes (mousseux, blancs, etc.), lorsqu'il y a le nombre de convives voulus?

Mais deux problèmes se posent, presque inévitablement.

Le premier, un problème pour ainsi dire classique, est celui de l'accord des mets et des vins. Le second concerne l'ordre dans lequel servir les vins.

Celui-là reste pour certains un casse-tête perpétuel... qu'on est parfois tenté de résoudre en ne servant qu'un vin.

En fait, ce qu'il faut savoir à ce sujet peut s'exprimer en une seule formule, fondamentale, presque passée à l'état de dicton: «Le vin que l'on boit ne doit pas faire regretter celui qu'on vient de boire.»

Une anecdote peut illustrer cela et aussi la nécessité de se conformer à ce principe si on veut éviter les mésaventures.

Un jour de l'année dernière, un voisin de bureau au journal m'avoua avoir été grandement déçu par un petit bordeaux rouge que je lui avais conseillé. Après avoir conversé un moment, j'appris qu'il avait bu, d'abord, un autre bordeaux rouge, d'une classe bien supérieure... lequel avait évidemment tout à fait éclipsé le vin de catégorie inférieure et en avait masqué les qualités pourtant bien réelles.

Aurait-il bu au contraire le petit bordeaux comme premier vin, il l'aurait sans doute également aimé, comme l'autre.

Les règles à observer

Cinq règles pratiques découlant de ce principe sont à observer afin de déterminer l'ordre dans lequel boire les différents vins qu'on sert.

1) En premier lieu, on doit servir les vins blancs secs avant les vins rouges.

Parce que les blancs, tout en pouvant être corsés, sont en règle générale moins substantiels, moins présents en bouche que les vins rouges. Servis au début du repas, on appréciera leurs qualités, alors qu'ils pourront paraître insipides si on les boit après les vins rouges.

2) Une règle plus ou moins complémentaire de la précédente est de servir les vins qui se boivent froids, ou frais, avant ceux qui se boivent à une température se rapprochant de la température ambiante. Bref, les vins frais avant les vins chambrés.

Ainsi, on prendra comme premiers vins rouges ceux qui sont bons frais ou froids, tels les Beaujolais, les Mâcon, les Chinon, etc., qui sont tous des vins de type léger.

3) En troisième lieu, servir les vins légers d'abord, puis les vins corsés ensuite. De cette manière, les vins les plus puissants ne masquent pas, encore une fois, les qualités des autres.

4) Il faut boire les vins en allant des plus petits aux meilleurs, afin, toujours, de ne pas regretter le vin qu'on vient de boire.

Cette règle est cependant susceptible d'entrer en contradiction avec la précédente. Par exemple, que boire en premier, un bon Châteauneuf-du-Pape, très corsé, ou bien un bon bordeaux d'appellation Margaux, forcément moins corsé, mais, disons, de qualité nettement supérieure au Châteauneuf?

La réponse n'est pas facile... quoiqu'il soit assez évident que c'est la qualité du vin, et non son corps, qui doit primer. Autrement dit, servir en dernier lieu le vin dont on sait, ou dont on a tout lieu de croire qu'il est le meilleur (le bordeaux dans notre exemple) même s'il est plus léger que le vin qui le précède[1].

5) Finalement, on boira les vins plus jeunes d'abord, les plus vieux ensuite, les plus vieux étant d'habitude plus complexes et, par là, plus séduisants que les jeunes.

Des exceptions

Tout cela dit, il y a, bien sûr, des exceptions.

Ainsi, les vins blancs mœlleux et liquoreux, et donc sucrés (Monbazillac, Sauternes, certains blancs d'Anjou comme les Côteaux du Layon, etc.) pourront être bus en apéritif mais aussi au dessert.

Mais on peut se tromper et faire une erreur dans l'ordre de service des vins, même si on observe toutes les règles. Ne serait-ce qu'à cause des surprises que nous réservent souvent les vins, tel ou tel Saint-Émilion pouvant être par exemple beaucoup plus léger que ne l'est théoriquement ce type de vins rouges.

Cependant, si on veut pour une raison ou une autre être absolument sûr de ne pas faire d'erreur, la meilleure solution est de servir seulement des vins qu'on connaît déjà. Des vins qu'on a donc déjà bus, dont on sait les qualités et les défauts éventuels et qu'on peut ainsi présenter dans l'ordre qui les met tous le mieux en valeur.

Rien n'empêche, enfin, de servir au même repas des vins de régions différentes, quoiqu'il soit encore là préférable d'observer les règles dont il vient d'être question. Par exemple, dans l'ordre, un champagne brut ou un mous-

---

1. Cependant, si on a l'intention de servir des fromages aux saveurs très marquées (Bleus, Munster, Pont-l'Évêque), il sera préférable de garder le Châteauneuf-du-Pape pour ce moment et donc de le servir en dernier lieu, car le Margaux serait écrasé par de tels fromages.

seux à l'apéritif, puis un Chablis, un jeune Beaujolais, un
Chianti âgé d'une dizaine d'années, un bon rouge espagnol genre Rioja, un bordeaux de qualité et un rouge
choisi parmi les meilleurs vins des Côtes du Rhône, tel un
Côte-Rôtie, formeront une gamme intéressante et seront
tout à fait acceptables pour une douzaine de convives.
Pour cela, toutefois, on servira un plat principal qu'on
peut accompagner de types de vins différents, tel un rôti de
veau.

Les vins
et les mets

Les avis sur l'accord des vins et des mets sont très divers. Pour certains connaisseurs, chaque mets doit être accompagné par un vin bien précis.

Pour d'autres, il n'y a pas vraiment de règles... pourvu que cela soit bon.

«Hormis ce cas (*celui du poisson qui supporte mal les tannins des vins rouges et demande à être servi avec du vin blanc*) tous les accommodements sont possibles, à condition qu'ils soient de bon aloi, et qu'on se soit donné la peine de les tester au préalable», écrit par exemple Max Léglise.

Ce qui fait dire cela à Léglise est un fait reconnu mais qui peut paraître surprenant: les yeux bandés, même le plus grand connaisseur prendra aisément un vin rouge acide et peu tannique pour un vin blanc, et un blanc mœlleux et peu acide pour un vin rouge!

Ceci étant, où est la nécessité de toujours s'en tenir aux accords classiques? demande-t-il en substance.

La position de Max Léglise, quoiqu'elle puisse paraître un peu excessive, montre qu'il n'y a pas de règles immuables dans ce domaine et qu'il faut se méfier des conseils trop tranchés.

La tradition... et les couleurs

La tradition et nos habitudes veulent néanmoins, et avec raison, qu'on serve en règle générale des vins blancs avec des chairs blanches (poissons, volailles), et des rouges avec des viandes rouges.

Émile Peynaud fait état d'un phénomène auquel on ne songe guère, mais sans doute bien plus important qu'on ne le croit, pour expliquer ces habitudes. «D'une manière générale, et ne s'en étonnera que celui qui ignore le rôle qu'exerce sur l'appétence la couleur de notre alimentation, les vins blancs s'harmonisent le mieux avec des nourritures peu colorées: les chairs blanches (viandes, abats, volailles ou poissons), les sauces blanches ou blondes. L'association des couleurs prépare l'association des goûts (...) Leur couleur foncée (aux vins rouges) s'accorde déjà avec celle des viandes rouges, des sauces brunes, des sauces au vin», écrit-il.

En d'autres termes, l'harmonie des saveurs n'expliquerait pas tout, et ce serait également à cause du plaisir de l'œil qu'on aurait l'habitude de boire des vins blancs avec des chairs blanches, et des vins rouges avec des viandes rouges.

Certaines erreurs sont bien sûr à éviter.

Par exemple, il vaut mieux ne pas servir de champagne brut au dessert, aurtout avec une pâtisserie comme cela se fait souvent, car le goût sucré masque tout à fait le goût du vin.

Avec les salades, ou encore avec les autres plats à la vinaigrette, on ne servira pas de vin, car le vinaigre le rendrait acerbe et désagréable.

La même chose pour les mets sucrés (comme certains plats chinois où les viandes sont sucrées) avec lesquels il vaut mieux ne pas boire de vins rouges, les saveurs sucrées renforçant le goût amer des tannins.

Ou encore, dit Léglise non sans humour, on évitera les «atrocités que le bon goût interdit (...) un Château Margaux sur un melon, un Monbazillac sucré sur une langouste froide à la mayonnaise...»

La ligne de conduite

Dans tous les cas, la ligne de conduite à suivre est la même. Plus raffiné et soigné est le mets, meilleur doit être le vin, de façon qu'ils se mettent en valeur l'un l'autre.

De même, plus les saveurs de la nourriture sont fortes, plus corsés doivent être les vins.

Si enfin on sert plusieurs vins au même repas, on ira des plus légers aux plus corsés, et puis des moins bons aux meilleurs, comme on vient de le voir.

Voici un certain nombre de suggestions pour l'apéritif et le digestif, et d'accords possibles pour des plats courants ou qu'on a l'habitude de servir à ses invités.

Apéritifs: un vin blanc sec, en évitant les vins à l'acidité marquée (les Savennières, de la région de la Loire, par exemple) que certains supportent mal. Un mousseux, un champagne. Un verre de vin liquoreux, Sauternes, vin d'Anjou comme le Moulin Touchais. Un vin mœlleux, Monbazillac, Coteaux du Layon.

Saumon fumé, amuse-gueule: un blanc sec qui ne passera pas inaperçu: Sauvignon, Sancerre, Gewürztraminer, Xérès sec (fino, manzanilla).

Huîtres, palourdes, moules: Muscadet, Chablis, Graves, Torre di Giano, Sancerre, Entre-Deux-Mers, champagne. Un rosé si on préfère.

Soupe aux palourdes («clam chawder»): un blanc qui a du corps: Graves, Tokay d'Alsace, Hermitage blanc.

Soupes et potages: un rouge peu corsé comme un Beaujolais, un bourgogne Passe-tout-grain, un Chinon, etc.

Buffet froid, crudités, pique-nique: un rosé, des rouges légers qui se boivent frais (Beaujolais, Bourgueil et Chinon, Côtes-du-Rhône, Dolcetto d'Alba).

Viandes froides: blancs allemands, rouges légers qui se boivent frais, ou un vin blanc sec.

Poisson grillé, homard: blancs secs de qualité: Chablis, Mâcon, Graves, Pouilly-Fuissé, Riesling d'Alsace, Soave. Un champagne.

Poisson et fruits de mer en sauce: les meilleurs blancs secs et les plus opulents: Meursault, vins de Puligny et Chassagne-Montrachet (bourgognes), Hermitage blanc, Chardonnay de Californie, grands Graves, Spätlese d'Allemagne.

Poulet rôti: un plat pour lequel le choix est très large: blanc sec et léger, un rosé, des rouges moyennement corsés (petits bordeaux, crus bourgeois de Bordeaux, Volnay, Fixin de Bourgogne), etc.

Dinde et oie (chevreuil, orignal, caribou): rouges corsés et riches: Hermitage et Côte-Rôtie, Châteauneuf-du-Pape, Barolo, grands bordeaux (Médoc, Pomerol, Saint-Émilion), Tignanello et San Giorgio d'Italie, Cabernet-Sauvignon de Californie, Gran Coronas d'Espagne.

Veau: un rouge âgé, velouté, parvenu à son sommet; un rouge pas trop corsé comme pour le poulet rôti. Un bordeaux de grande qualité, mais pas trop corsé. Ou encore un blanc qui a un certain mœlleux, Mâcon, Pinot blanc d'Alsace, Tokay.

Porc roti et jambon: les mêmes blancs que pour le veau, un rosé. Un rouge moyennement corsé comme avec le poulet. Un rouge plus corsé si le porc est servi avec une sauce aux saveurs prononcées.

Steaks: à peu près tous les vins rouges conviennent, des Chianti aux Rioja en allant jusqu'aux très bons bordeaux, sauf les vins trop légers comme les Chinon, les Beaujolais courants.

Agneau, bœuf, faisan, pintade: les meilleurs vins rouges en évitant les vins trop corsés: Médoc, Pomerol, Saint-Émilion, grands bourgognes, Brunello di Montalcino d'Italie, Cabernet-Sauvignon de Californie.

Bœuf bouilli: vins rouges ordinaires ou de qualité intermédiaire: petits bordeaux, crus bourgeois du Médoc, Chianti Classico, Côtes-du-Rhône Villages, etc.

Pâtes et pizza: un blanc sec ordinaire pour les pâtes servies avec une sauce au fromage ou à la crème. Vins rouges simples avec la pizza et les pâtes avec sauce à la viande (...quoique l'accord soit rarement réussi à cause de la saveur acide des tomates), Chianti, Barbera, Côtes-du-Rhône, petits Rioja, Minervois, Corbières.

Sandwichs, steak haché: un rouge à boire frais et les mêmes rouges que pour les pâtes. Un blanc sec ordinaire si le sandwich le demande.

Œufs: un blanc un peu mœlleux, comme pour le veau.

Desserts, pâtisseries: Sauternes, Monbazillac, vins liquoreux de la Loire (Anjou, Côteaux du Layon). Un champagne extra-sec si on tient à boire du champagne.

Digestifs: Porto, Sauternes, Tokay de Hongrie, Xérès Palo Cortado.

Le contraire...

Il arrive qu'on veuille servir, à une occasion spéciale, un des meilleurs vins de sa cave, blanc ou rouge, ou bien un grand champagne. La sagesse, dans ce cas, est de choisir le mets en fonction du vin, afin de mettre celui-ci en valeur. Quelques accords possibles:

Champagne: avec des huîtres, un saumon frais, du poisson ou un crustacé (homard, crabe, crevettes) en sauce; *bourgognes blancs, Chardonnay californiens, Graves blancs:* saumon frais, poisson ou crustacé en sauce; *Chablis Grand Cru:* avec des huîtres; *Sauternes:* avec du foie gras en entrée; avec une volaille en sauce; *Médoc (Bordeaux):* avec un gigot d'agneau, un rôti de bœuf; *grands bourgognes rouges, Pomerol et Saint-Émilion, Sassicaia:* gigot, rôti de bœuf, faisan; *Côte-Rôtie, Hermitage, grand Barolo:* avec une oie, du gibier.

Avec les fromages

Le fromage est l'un des aliments qui convient le mieux au vin. Ensemble, ils forment une association idéale, car aucun autre aliment n'embellit autant le vin... et vice-versa!

Le moment du fromage est à cause de cela un des plus beaux du repas.

En même temps, toutefois, il faut savoir s'en méfier, c'est-à-dire éviter de juger trop hâtivement les vins qu'on déguste avec du fromage, tant cet aliment extraordinaire flatte le vin. «Acheter sur une poire, vendre sur un fromage», dit-on à ce propos depuis toujours dans les milieux du vin, pour exprimer qu'un fromage, avec ses saveurs onctueuses, peut faire paraître bon un vin médiocre.

Les avis sur les accords des vins et des fromages sont plus partagés qu'au sujet de n'importe quel autre aliment. À cause de ces divergences d'opinions, trouver les vins qu'il faut (pour les fromages pris à la fin du repas mais surtout pour une dégustation de vins et fromages) apparaît souvent comme un véritable tour de force.

Quels vins et quels fromages servir ensemble?

Le gastronome Robert Courtine, auteur du *Dictionnaire des fromages* (Larousse), écrit à ce sujet: «Rien n'est plus subjectif que le choix d'un vin sur un fromage, et si l'on peut tracer quelques grandes lignes, avancer des «canons», encore ne sera-ce que pour multiplier les exceptions à toute règle.»

Les seules règles qui devraient nous guider (si on peut parler de règles) sont pour lui les suivantes: «le goût personnel du dégustateur» et le fait que «le vin du pays convient au fromage du pays. En vérité, choisissez hardiment et selon votre goût», conclut Courtine.

Trouver et servir ensemble les fromages et les vins de chaque région sont probablement choses possibles dans les pays viticoles, mais à peu près impossibles ici. Reste alors notre goût personnel.

Pour le découvrir, il faut... se faire confiance, multiplier «hardiment» les essais, ce qui est au fond bien plus intéressant que d'obéir à des préceptes trop stricts.

L'équilibre des saveurs

Comme pour tous les autres aliments, il y a néanmoins une règle générale qu'il est bon d'observer, et qui est la règle d'or en ce domaine. Le fromage ne doit pas éclipser le vin, et le vin ne doit pas non plus, de la même manière, écraser par sa puissance le fromage. Leurs saveurs doivent s'équilibrer.

Ainsi, on ne servira pas un bleu bien mûr avec un petit vin blanc tout humble, ni un Cheddar doux avec un Châteauneuf-du-Pape très corsé.

Et les vins blancs?

On ne doit pas croire, comme on l'imagine parfois, que les vins blancs ne vont pas du tout avec les fromages. Même s'ils sont peu corsés, les vins blancs leur tiennent souvent en effet très bien tête.

Aussi, quand on a bu du blanc avec le plat principal, on peut fort bien achever la bouteille avec certains fromages pas trop forts (fromages frais, Gruyère, fromages à pâtes demi-dures comme l'Oka, le Saint-Nectaire), ou même en ouvrir à ce moment-là une nouvelle bouteille.

À cause de leurs saveurs plus complexes, les rouges restent toutefois les vins à servir de préférence.

Veut-on obtenir l'accord le plus parfait possible, on choisira les fromages en fonction du vin, en pensant d'abord et avant tout à mettre le vin en valeur.

Le mieux est alors, à mon sens, de s'en tenir à des fromages naturels, et donc traditionnels, aux saveurs plus riches et plus subtiles que celles des fromages mis au point par la grande industrie fromagère, genre Caprice des Dieux ou Saint-André... mais pour lesquels bien des gens ont un fort penchant!

Trois fromages, quatre au maximum suffisent, en écartant les bleus et les fromages de chèvre affinés (à croûte) dont les saveurs piquantes s'harmonisent souvent mal avec celles du vin.

La gamme de fromages à servir, à mon goût: du Cheddar moyen ou fort, ou du Gruyère; un Brie ou un Camembert; un Reblochon ou du Saint-Nectaire et (pour ceux qui aiment ces fromages, mais en veillant à ce qu'ils ne soient pas trop faits, et ne supplantent donc pas le vin) un Munster ou un Maroilles.

Avec ces fromages, à peu près tous les vins rouges conviennent, à l'exception de vins légers comme les Beaujolais ordinaires, les Mâcon, les Bourgueil et les Chinon de la Loire.

Des accords possibles

Pour une dégustation de vins et fromages comme il s'en fait tant, la prudence demande d'aller des fromages les moins forts aux plus forts. De la même façon, on servira d'abord les vins blancs et les plus légers, et ensuite les plus corsés.

Voici par exemple l'ordre dans lequel pourraient être servis, à une dégustation de ce genre, les sortes de fromages existantes et les vins qui, selon différents auteurs, pourraient les accompagner:

1) *Fromages frais, dont ceux de chèvre, aux amandes, aromatisés au kirsch:* vins blancs secs et légers. Chablis, Muscadet, Orvietto, un blanc d'Alsace (Sylvaner, Ries-

ling, Pinot blanc) ou d'Espagne. Un Kabinett d'Allemagne. Mâcon, Sancerre, Entre-Deux-Mers.

2) *Pâtes demi-dures (Oka, Saint-Nectaire, Cheddar doux et moyen):* beaucoup de vins conviennent, blancs et rouges. En blancs, les mêmes vins que ceux déjà cités. Rouges moyennement corsés — bordeaux supérieurs, crus bourgeois de la région de Bordeaux, bourgognes, bons Rioja et Chianti, Minervois, Côtes du Rhône.

3) *Pâtes sèches (Gruyère, Emmental, Cantal):* Un blanc sec de bonne qualité, Chablis Premier cru ou Grand cru, Riesling d'Alsace, Graves, Sancerre. Rouges moyennement corsés et corsés, dont les crus classés (les meilleurs vins) du Médoc, bons bourgognes, Pomerol et Saint-Émilion, Tignanello, San Giorgio, Gran Coronas... tout dépendant au fond du prix qu'on est disposé à payer son vin.

4) *Pâtes molles (Brie, Camembert):* les mêmes rouges que pour les pâtes sèches.

5) *Pâtes molles à croûte lavée (Munster, Pont-l'Évêque, Maroilles, chèvre), Cheddar fort et extra-fort:* rouges puissants et corsés, Châteauneuf-du-Pape, Côte-Rôtie, Hermitage, Pauillac, Barolo, Cabernet-Sauvignon de Californie.

6) *Bleus (Roquefort, Bleu d'Auvergne, Gorgonzola, Stilton):* rouges corsés comme avec les fromages précédents. Ou encore, pour faire différent, un porto (ruby, tawny ou late bottled vintage), ou bien un Sauternes.

Compliqué?...

Afin de faciliter les choses (pour une dégustation en groupe), on peut servir les fromages en trois services, avec le ou les vins devant les accompagner, plutôt que de tout présenter d'un coup sur la table.

D'abord les fromages frais avec du vin blanc; en second lieu les pâtes demi-dures, sèches et molles avec par exemple un vin rouge pas trop corsé, et, finalement, les pâtes molles à croûte lavée, le Cheddar fort et les bleus avec un rouge corsé.

Pour chaque service, le nombre de fromages ne devrait pas dépasser trois ou quatre.

On déguste mieux de la sorte, sans risquer d'avoir le goût faussé dès le départ par un fromage ou un vin trop puissants.

L'usage du réfrigérateur et du congélateur

Un simple réfrigérateur (à peu près tout le monde en a un) peut servir à de multiples usages. Qu'il s'agisse de vins blancs, de vins rosés... ou même de vins rouges.

L'utilisation la plus courante qu'on en fait est pour refroidir les rosés et les blancs, tranquilles ou mousseux. Mis au réfrigérateur environ trois heures avant le repas, le vin sera suffisamment froid au moment d'être ouvert.

Si on doit quitter la maison tôt pour aller au travail, on mettra la bouteille dans le réfrigérateur le matin, en partant. Ou bien la veille, si on préfère.

On peut faire de même avec les vins rouges comme les Beaujolais, ceux de la région de la Loire (par exemple des appellations Bourgueil, Chinon et Saumur, qu'on trouve surtout aux Maisons des vins), ou encore avec leurs équivalents italiens tel le Cabernet di Pramaggiore, qui sont meilleurs servis froids.

Placés au réfrigérateur deux heures avant le repas, ils auront atteint eux aussi à peu près la température idéale au moment où l'on passera à table.

Au besoin, on les mettra au froid le matin ou la veille, comme les blancs, quitte à les en sortir un peu avant de les déboucher.

Les meilleurs vins rouges

Les meilleurs rouges (par exemple des vins qu'on vient tout juste d'acheter ou qu'on gardait dans un placard) perdent de leur côté beaucoup de leur agrément, comme on sait, si on les sert trop chauds, à une température dépassant environ 17° C, ou 63° F.

Dans ces cas-là également, il ne faut pas hésiter à abaisser un peu leur température, par un séjour de trente à quarante minutes au réfrigérateur, et même si ce sont des vins de très grande qualité.

Une coutume heureuse se répand, qui est de servir un simple vin blanc tranquille comme apéritif.

Encore là, le réfrigérateur se montre très utile, puisqu'on peut y garder la bouteille entamée un certain temps sans que le vin perde vraiment de ses qualités.

Au bout d'à peu près quatre ou cinq jours, toutefois, le vin commence à s'oxyder légèrement malgré le froid (des odeurs évoquant le chou ou les pommes et un peu d'âcreté en bouche apparaissent), de sorte qu'il est préférable de le boire dans ce laps de quatre ou cinq jours.

Il existe toutefois une façon de le conserver encore plus longtemps, et qui est la méthode que j'utilise personnellement. Aussitôt la bouteille ouverte, on en remplit une demi-bouteille bien propre. On la bouche avec un bouchon de liège, et on laisse cette demi-bouteille au réfrigérateur. Le vin peut se conserver ainsi plusieurs semaines.

Les rouges

Il arrive que même deux personne ne boivent pas toute une bouteille de vin rouge et en laissent une partie.

Gardé à la température de la pièce, et même si on a pris soin de boucher la bouteille, le vin s'oxyde rapidement, souvent en moins d'une dizaine d'heures, et perd donc rapidement ses qualités.

Au réfrigérateur, par contre, il se conservera d'ordinaire pendant quelques jours sans s'altérer. Pour qu'il se réchauffe avant d'être bu, on n'a qu'à le sortir environ une heure et demie avant de passer à table.

Dans le cas des rouges, la durée de conservation au réfrigérateur est toutefois très variable, d'après mon expérience. Ainsi, il m'est arrivé d'y laisser pendant deux semaines quelques doigts d'un bon Châteauneuf-du-Pape. À ma surprise, il n'avait absolument pas changé au bout de tout ce temps.

D'autres fois, au contraire, il arrive que la couleur d'un vin commence à devenir terne après seulement deux ou trois jours, les odeurs et le goût s'altérant également.

Dans tous les cas, et malgré la très grande utilité du frigidaire, il est donc préférable de ne pas y laisser plus d'environ une semaine les vins, blancs ou rouges, qu'on veut boire.

Demi-bouteilles et portos

Même si on est deux, il arrive également qu'on ne veuille boire que la moitié d'une bouteille de vin rouge au même repas. En pareil cas, on fait comme pour les blancs, on en remplit une demi-bouteille, qu'on bouche avec un bouchon de liège. On conserve par la suite cette demi-bouteille au réfrigérateur, en la plaçant debout afin d'éviter que le bouchon, qui n'est plus stérile, donne un mauvais goût au vin.

Ou alors, on laisse au réfrigérateur la bouteille de porto qu'on a entamée, et même pour ce qui est des meilleurs, les portos Vintages (millésimés), que le froid protège contre l'oxydation.

Enfin, on peut également y mettre les vins qui nous ont déçus et qu'on n'a pas terminés et les y laisser pendant des semaines... afin de pouvoir s'en servir pour les sauces.

À éviter...

Deux choses sont cependant à ne pas faire.

D'abord, il faut éviter de garder au réfrigérateur des vins blancs pendant des mois, même si les bouteilles sont couchées et n'ont pas été débouchées. Car le vin finit ainsi,

à la longue, par perdre au froid ses qualités gustatives.
Même après s'être réchauffé dans le verre, il n'a alors à
peu près plus d'odeurs et ses saveurs ont perdu beaucoup
de leur intensité.

Finalement, il faut s'abstenir... de juger un vin blanc
qui vient tout juste d'être retiré du frigidaire, puisqu'il suffit qu'il soit trop froid de quelques degrés pour que soient
masquées une bonne partie de ses odeurs et de ses saveurs.
Un peu plus chaud, il prend un aspect tout différent, et on
le goûte beaucoup mieux.

Et le congélateur?...

Selon certains auteurs, il faut éviter de s'en servir
pour frapper les vins.

En fait, et comme le montrent des expériences faites
par Peynaud, il n'y a aucune différence de goût entre un
vin blanc frappé par un séjour au réfrigérateur ou au congélateur, ou dans un seau à glace. «Des expériences méti-
culeuses montrent qu'à la condition d'obtenir le même
niveau thermique à moins d'un degré près, il n'y a aucune
différence gustative significative selon ces trois modes de
refroidissement entre des bouteilles d'un même vin blanc
ou d'un même champagne», écrit-il.

Il ne faut donc pas hésiter à se servir du congélateur, si
on est pressé, pour refroidir un vin blanc, tranquille,
mousseux ou encore de dessert comme un Sauternes. Pour
cela une trentaine de minutes de séjour au congélateur suffit, mais un peu plus (quarante ou quarante-cinq minutes)
pour les Sauternes, les champagnes et les mousseux qui
sont à boire plus froids.

VII

La vie du vin

À quel âge les vins sont-ils à leur meilleur et doit-on les boire? Combien de temps, donc, faut-il les laisser vieillir?

Tout dépend du vin, du millésime, des conditions d'entreposage, etc., répond-on d'habitude à ces questions, et d'ailleurs avec raison.

Néanmoins, comme l'a fait le grand connaisseur américain Frank Schoonmaker, on peut à ce sujet formuler une règle, à savoir que «les trois quarts des vins du monde atteignent leur plénitude avant leur quatrième année, après quoi ils se dégradent lentement mais sûrement.» Ce qui revient à dire, ajoute Schoonmaker, qu'il faut consommer la plupart des vins «vers leur troisième année et en tout cas avant leur cinquième année».

Une minorité de vins, en règle générale les meilleurs, se conservent et s'améliorent en bouteilles plus longtemps.

Les vins blancs

On peut établir une sous-règle, pour ainsi dire, de celle de Schoonmaker. Cette sous-règle concerne les vins blancs, dont la vie est d'habitude beaucoup plus courte que celle des rouges, à cause notamment de l'absence quasi totale de tannins dans ces vins. Rares sont donc les vins blancs qui se conservent plus de cinq ans.

Certains, les plus grands, vieillissent et s'améliorent toutefois pendant de nombreuses années, parfois dix années, parfois le double ou le triple: entre autres les grands bourgognes (les meilleurs Chablis, le Corton-Charlemagne, le Meursault, le Montrachet) mais aussi les bons blancs alsaciens et allemands des grandes années, ainsi que les véritables Sauternes français et les grands vins liquoreux de la Loire (Anjou, Côteaux du Layon, Bonne-zeaux) dont certains sont encore bons après un siècle!

Les facteurs de conservation

Qu'il s'agisse toutefois de vins rouges ou blancs, les facteurs qui assurent aux vins leur capacité de conservation et leur plus ou moins grande longévité sont toujours les mêmes.

D'abord, il y a le ou les cépages. Ainsi le Gamay (utilisé en Bourgogne pour les Beaujolais et les Mâcon rouges) est une sorte de raisin avec lequel on produit des vins vivant très rarement plus de quatre ou cinq ans. À l'inverse, le cépage utilisé pour tous les autres bourgognes rouges, le Pinot noir, donne des vins qui se conservent habituellement au moins de cinq à dix ans.

Mais il y a aussi le sol, qui fait par exemple (pour nous en tenir à l'exemple de la Bourgogne) qu'un grand Chambertin, un des meilleurs vins de la région, vivra trente ans ou même plus, contre seulement une dizaine d'années dans le cas d'un plus petit vin comme le Monthélie, et même si les deux sont du même millésime.

Les conditions climatiques, c'est-à-dire le millésime, sont d'autres facteurs très importants. Car c'est d'eux que dépend dans une bonne mesure la teneur en alcool, en acidité et en tannins, ces trois éléments étant déterminants pour la vie du vin. En gros, plus le vin en contient (particulièrement des tannins) plus il vivra longtemps. «Les vins d'une année médiocre peuvent être très agréables; ils auront en général une vie plus courte que ceux d'une grande année», écrit Raymond Dumay.

Un autre facteur très important, «la base même de la conservation des vins» dit Peynaud, est l'emploi d'anhydride sulfureux, appelé aussi acide sulfureux ou SO^2, comme produit conservateur. «L'anhydride sulfureux est un gaz qui se forme quand on fait brûler du soufre.»

Dès le XVIIe siècle, les Allemands l'employaient pour aseptiser les barriques (on y faisait brûler du soufre avant de les remplir), pour éviter que les vins n'y tournent en vinaigre. Aujourd'hui, on en met également de très petites quantités dans tous les vins — elles se comptent en milligrammes —, l'anhydride les protégeant contre l'action néfaste de l'oxygène, qui s'attaque à l'anhydride plutôt qu'au vin [1].

C'est donc en bonne partie grâce à ce produit extrêmement utile que les petits vins restent bons quelques années (plutôt que de devenir imbuvables après moins d'un an, comme il y a quelques siècles) mais aussi que les meilleurs vins, blancs et rouges, peuvent vieillir si longtemps et acquérir toutes leurs qualités avec l'âge. «C'est l'anhydride sulfureux qui a permis la longue conservation en fût, puis le vieillissement en bouteilles, et plus récemment encore le maintien du fruité et de la fraîcheur.»

On trouvera dans le tableau qui suit, pour les vins les plus vendus au Québec, les âges entre lesquels peut se situer d'ordinaire, selon les millésimes, le moment où ils atteignent leur plénitude. La majorité, par ailleurs, ne vivent guère plus longtemps, sinon ceux des années exceptionnelles.

---

1. «L'anhydride sulfureux accapare l'oxygène, qui l'oxyde en acide sulfurique.»

Les vins dans leur plénitude

Nombre d'années que prennent les vins pour atteindre leur plénitude selon les vignobles et les millésimes (sans tenir compte des grands vins d'excellentes années qui peuvent vivre parfois beaucoup plus longtemps).

Alsace: Sylvaner, Pinot blanc, Gewürz-traminer	1 à 4 ans
Pinot (Tokay d'Alsace) Riesling	2 à 6 ans
Bordeaux blancs	2 à 8 ans
Bordeaux rouges[1]	4 à 15 ans
Bourgognes blancs et Chardonnay de Californie	2 à 6 ans
Bourgognes rouges	4 à 12 ans
Beaujolais rouges (Bourgogne)	quelques mois à 3 ans
Mâcon blancs et rouges (Bourgogne)	1 à 3 ans
Champagnes	Prêts à boire à leur arrivée sur le marché, se conservent de 3 à 5 ans
Chianti Riserva	4 à 8 ans
Côtes-du-Rhône (appellation régionale)	1 à 4 ans
Châteauneuf-du-Pape, Côte-Rôtie, Hermitage (Côtes-du-Rhône)	4 à 15 ans
Fitou, Minervois, Corbières	2 à 5 ans
Muscadet	6 mois à 2 ans
Rioja	3 à 10 ans

1. On estime que les vins du Médoc ont besoin en moyenne de six à quinze ans pour arriver à leur apogée, les Pomerol et les Saint-Émilion de quatre à douze ans.

Mais, dira-t-on, peut-on savoir précisément quand le vin est à son apogée?

La seule véritable façon est de «suivre son vin», comme on dit. Il faut pour cela acheter un certain nombre de bouteilles du même vin (surtout quand il s'agit d'un vin qu'on aime) et en ouvrir une à intervalles réguliers, par exemple tous les six mois à partir du moment où on calcule qu'il peut avoir atteint son apogée... chose d'autant plus nécessaire que les vins sont souvent imprévisibles et peuvent parfois changer du tout au tout en un court laps de temps.

Une fois arrivé à son apogée, le vin s'y maintient ainsi quelque temps, ce qu'on appelle parfois le plateau, après quoi il se met à décliner. En pratique, et même s'il n'y a pas encore une fois de règle précise, la durée du plateau est souvent proportionnelle au temps qu'a mis le vin à l'atteindre. Aux yeux par exemple du producteur espagnol Miguel Torres, un vin reste en général à son apogée la moitié du temps qu'il a mis à y parvenir.

Autrement dit, un bon vin rouge arrivé à son plateau après dix ans, s'y maintiendra environ cinq ans à compter de ce moment, après quoi il commencera à perdre de ses qualités.

Valable pour bien des vins, cette méthode de calcul fort commode n'a cependant rien d'un absolu, comme Miguel Torres le souligne lui-même dans son livre, *Vignes et vins*, particulièrement en ce qui regarde les vins de longévité réduite, qui peuvent décliner très rapidement. Je me souviens ainsi d'un excellent Mâcon rouge, le 76 de Joseph Drouhin, qui fut à son apogée début 81, soit à un peu plus de quatre ans d'âge. Environ trois mois plus tard, la moitié des bouteilles avaient pris un coup de vieux et, début 82, toutes étaient dans le même état et avaient perdu leur agrément.

À l'opposé, un bon bordeaux se maintiendra quelques années sur son plateau, alors que les très grands bordeaux et portos de bonnes années n'en bougeront pas pendant une ou deux décennies, sinon plus.

Ne pas oublier, enfin, qu'on peut conserver des bouteilles couchées dans un placard, à la température ambiante, mais qu'ainsi les vins vieillissent environ deux fois plus rapidement que dans une cave fraîche.

L'oxydation des vins

Il est bien rare de tomber sur des vins piqués, ou vinaigrés, comme on dit aussi au Québec.

Par contre, n'importe quel consommateur s'est retrouvé un jour ou l'autre avec une bouteille de vin sur son déclin, ou alors nettement passé et donc trop vieux.

On dit de tels vins qu'ils sont oxydés, l'oxydation pouvant être seulement partielle ou alors complète. Dans ce dernier cas, comme nous l'apprend l'expérience, le vin est devenu tout à fait imbuvable. Après cela, quand l'oxydation est encore plus profonde, le vin tourne d'habitude en vinaigre[1].

Mais, qu'est-ce que l'oxydation? Et surtout, comment reconnaître qu'un vin est oxydé?

Le phénomène est semblable à celui qui se passe pour une pomme pelée, et qu'on laisse par exemple sur une table, au contact de l'air. L'oxygène attaque la chair du fruit, avec pour résultat que la pomme brunit et change peu à peu de goût.

La même chose arrive aux vins. Car tous les vins renferment des substances aisément oxydables, dont principalement les tannins et les matières colorantes (les anthocyanes), et finissent par s'oxyder inévitablement à la longue.

Les meilleurs vins rouges de bons millésimes, s'ils sont conservés couchés et à la bonne température, peuvent prendre quelques dizaines d'années avant de commencer à s'oxyder. Puis, avec le temps, les bouchons perdent de leur étanchéité et l'oxydation débute lentement.

---

1. Les bactéries acétiques oxydent alors l'alcool, qu'elles transforment en acide acétique, c'est-à-dire en vinaigre.

Pour les plus petits vins, la situation est souvent fort différente, surtout s'ils sont faits avec une variété de raisins sensible à l'action de l'oxygène, et donc facilement oxydable, tels le Gamay, le Sylvaner, etc.

Si au surplus le vin est gardé debout (comme c'est encore fréquent dans des succursales de la SAQ), son oxydation peut commencer rapidement. Car dans ce cas le bouchon sèche et laisse passer de plus en plus d'air, alors qu'on estime à seulement quelques centièmes de centimètre cube la quantité d'air traversant normalement un bouchon de liège en une année.

L'oxydation modifie le vin sous tous ses aspects — couleur ou robe, bouquet et goût.

Une fois l'oxydation commencée, les modifications sont graduelles et continues. L'état du vin ne cesse de se détériorer, de sorte qu'on ne peut pas vraiment parler de stades précis d'oxydation.

Pous simplifier et s'y reconnaître, le plus simple est par exemple de décrire les vins, blancs et rouges, à deux moments de leur oxydation. D'abord dans les débuts, au moment où les vins restent à peu près acceptables, tout en étant déjà partiellement altérés; puis vers la fin, lorsqu'ils sont profondément oxydés et devenus carrément imbuvables.

Les vins blancs

Le premier signe le plus évident d'un début d'oxydation chez les vins blancs est d'habitude l'état du bouquet. Essentiellement, celui-ci a alors perdu son fruité, et il commence à prendre des odeurs plus ou moins rances, rappelant par exemple le chou, les pommes ou les noix défraîchies, ou encore le Xérès. (Une bonne façon de savoir s'il s'agit d'un début d'oxydation est de concentrer son attention sur la présence ou pas du fruité dans le bouquet; s'il a cédé la place à d'autres odeurs, c'est signe presque à coup sûr que l'oxydation a débuté.)

En bouche, le vin a perdu de même de son fruité, et on retrouve habituellement des saveurs rappelant ses odeurs. Le vin n'a plus sa fraîcheur et goûte quelque chose faisant penser à un Xérès qu'on aurait coupé d'eau... ce qui, il faut dire, est un goût qu'on apprécie dans certains pays, comme par exemple le Portugal.

Pour la couleur, elle est encore à ce stade à peu près la même chez les vins blancs secs, mais d'habitude sans la brillance qu'elle devrait avoir.

L'oxydation profonde, elle, est encore plus facile à détecter.

L'oxydation a alors modifié considérablement la couleur, qui à ce stade est devenue bien foncée, d'un jaune prononcé. De son côté, le bouquet a acquis à ce moment-là des odeurs intenses, rappelant le chou mariné, l'ammoniaque, l'urine de chat parfois (cela peut varier avec les vins), des odeurs autrement dit repoussantes. Même chose en bouche, le vin ayant encore là le goût de ce qu'il sent.

Les vins rouges

En vieillissant, le vin rouge prend des teintes tuilées ou orangées, ce qui est normal, comme on sait.

Quand débute toutefois l'oxydation, le premier signe, pour ce qui est de la couleur, est que celle-ci commence à perdre sa brillance et devient terne. Les odeurs, elles, commencent à ce stade à rappeler les pruneaux cuits, le porto, ou encore les confitures alcoolisées. La bouche suit, comme le veut l'expression, en ce sens qu'on retrouve des saveurs équivalentes en bouche.

Mais le vin est encore buvable, surtout tout au début de l'oxydation.

Après quoi la couleur prend graduellement une teinte brunâtre, tout en devenant de plus en plus terne.

Profondément oxydé, le vin est à peu près opaque, d'une couleur brun rouge tout à fait dépourvue de brillance. Ses odeurs ont à ce stade perdu tout fruité et font plutôt penser à des odeurs de tabacs à pipe anglais, ou encore à des senteurs de vieux cuir séché… comme en ont par exemple les attelages à chevaux oubliés dans des écuries!

Autrement dit, cela ne sent pas bon…

En bouche, le vin s'est entretemps desséché, comme on dit. Il a donc perdu son fruité et sa chair, il est devenu âcre, imbuvable.

Le bonheur de la cave

Pour l'amateur, il n'y a guère de plus grand plaisir que d'avoir sa cave à vins.

La seule pensée qu'il a chez lui un certain nombre de bouteilles le réjouit, et il lui arrivera fréquemment de descendre contempler celles-ci une à une. Il examine longuement les étiquettes, regarde la couleur par transparence, il rêve à ce que sera son vin une fois à point.

Qu'il ait seulement quelques dizaines de bouteilles, ou bien cent, ou encore mille à dix mille, il aime ses vins. Aussi, il lui sera parfois bien difficile de se décider à ouvrir l'un ou l'autre, même s'il le sait prêt à boire. (J'entendais ainsi, un jour, un amateur montréalais affirmer qu'il n'arrivait pas à boire une grande bouteille, un double magnum de Château Lafite 1966, un des plus grands bordeaux qui soient. «C'est la seule que j'ai, disait-il, je suis encore attaché à cette bouteille.» Sa cave à vins, pourtant, est extraordinaire. Immense (cent pieds sur cent), elle a été construite comme une caverne, *sous* la cave de sa maison, et renferme… quinze mille bouteilles.)

Un autre des bonheurs de l'amateur, parmi les plus grands, sera de découvrir tout à coup à quel point tel ou tel vin a embelli avec les années, et de le déguster, alors, lentement, dans sa plénitude, bouteille après bouteille.

S'il a acheté son vin il y a de nombreuses années et ne l'a pas payé cher, ou encore s'il s'agit d'un vin secondaire d'une grande année, devenu meilleur que ce à quoi on peut en attendre normalement, il sera plus content encore.

À l'occasion, enfin, il lui arrivera de perdre des bouteilles, même de vins qui devraient être en principe à leur apogée, mais dont il réalise en les ouvrant qu'ils sont inexplicablement passés, oxydés.

L'endroit

Comment se monter une cave, ou du moins une réserve de quelques dizaines de bouteilles?

La première question à se poser est bien sûr celle de l'endroit où garder ainsi un certain nombre de vins.

Pour les gens qui ont une maison, le problème est habituellement assez vite résolu, car il y a toujours un coin de la cave utilisable. Soit un placard déjà existant et qu'on videra de ce qui l'encombre, soit un certain espace autour duquel on construira des cloisons, en s'arrangeant dans les deux cas pour que l'endroit choisi ait au moins un mur extérieur de béton. Ainsi, à cause de la masse du mur, l'endroit sera plus frais l'été comme l'hiver, et les variations de température seront lentes.

Pour un rendement meilleur encore, on isolera (ce qui n'est évidemment pas d'une nécessité absolue) les cloisons et la porte, mais non le mur extérieur.

Bien des gens vivent toutefois en appartement. Le mieux est alors d'utiliser le bas d'un placard ou d'une garde-robe, le plus loin possible des sources de chaleur comme les radiateurs, en choisissant un endroit qui comporte aussi un mur extérieur.

Mais il arrive qu'on n'ait pas une seule garde-robe pourvue d'un mur extérieur, auquel cas on mettra simplement ses vins dans la garde-robe ou dans le placard le moins chaud.

Le rangement et la température

Il y a bien des façons de ranger les bouteilles.

Une des meilleures pour ceux qui ont une véritable cave est d'utiliser des conduits de terre cuite, servant à la construction des drains français, qu'on trouve chez les fournisseurs de matériaux de construction. On peut aussi construire soi-même, avec des planches, des étagères comme pour une bibliothèque, en séparant avec des baguettes de bois d'un centimètre de haut, clouées ou collées, les espaces prévus pour les bouteilles, afin d'empêcher celles-ci de rouler.

Plus simple encore, et ce qui ne coûte rien, employer des caisses de carton qu'on obtient des succursales de la SAQ. On peut ainsi empiler deux ou trois caisses, mais en veillant à ce que celle du dessous contienne toujours douze bouteilles!

Enfin, il faut toujours coucher les bouteilles, de façon que le bouchon reste humide et donc parfaitement hermétique.

La température idéale de la cave devrait être de 10° à 12° C (55° à 58° F).

En pratique, toutefois, on peut garder des vins à des températures plus basses ou plus hautes, soit entre 7° et 20° C (45° à 68° F).

On peut même en fait conserver du vin à des températures encore plus élevées, comme par exemple à la température de la maison, mais il faut savoir que les vins se gardent ainsi moins longtemps, et qu'il s'agira dans ce cas non pas d'une cave mais simplement d'une réserve de vins à boire assez rapidement.

Si on a une cave, mais non refroidie par un appareil de réfrigération, il pourra arriver que la température s'y élève pendant les grandes chaleurs de l'été. Tant qu'elle ne dépasse pas 25° C (78° F), on n'a pas à mon sens à s'en faire, à la condition qu'elle ne se maintienne pas des mois à ce niveau[1].

---

1. Élaborés avec plus de soins qu'autrefois et mieux clarifiés, les vins renferment moins de micro-organismes maintenant; ils sont donc moins sujet aux altérations que peut provoquer l'élévation de la température de conservation.

*Le bonheur d'avoir
sa cave...*

Les vins blancs étant plus fragiles que les rouges, on les garde le plus près possible du sol, où la température est la plus fraîche. Par prudence, on fait de même avec ses meilleurs vins rouges.

À retenir, enfin, que ce sont les changements brusques et prononcés de température, et répétés, qui sont la chose la plus nuisible au vin, comme ce serait le cas par exemple pour un placard dont la température en hiver serait de dix degrés la nuit et de vingt le jour.

Obscurité et
mauvaises odeurs

La lumière contribue à la longue à l'altération des vins, et il faut donc les garder à l'obscurité.

Les mauvaises odeurs sont aussi à surveiller, car les vins, malgré les bouchons de liège, prennent assez rapidement des senteurs et des goûts bizarres quand ils sont gardés à proximité de sources d'odeurs désagréables (peintures, huile à chauffage, sacs de pommes de terre, etc.).

L'humidité, finalement, est rarement un problème et peut varier beaucoup sans que le vin soit affecté. Le seul véritable problème sera l'absence totale d'humidité (ce qui est rare) qui peut faire se dessécher les bouchons à la longue. Une des façons d'y remédier sera de laisser près des bouteilles une serviette trempée d'eau qu'on étale d'une façon ou d'une autre.

Une autre solution, enfin, est d'acheter un cellier d'appartement, qui est une armoire à température et à humidité contrôlées ayant plus ou moins la forme d'un réfrigérateur. Il en existe de plusieurs dimensions, le plus petit pouvant loger d'habitude soizante-quinze bouteilles et le plus grand mille, mais les prix sont élevés, dans les 1 600 $ pour le soixante-quinze bouteilles.

Quels vins et combien de vins acheter?

On peut commencer par une vingtaine de bouteilles, ce qui est à la fois un point de départ raisonnable et une solution pas trop coûteuse. Soit une dizaine de vins courants dans les 7 $ la bouteille (blancs, rouges légers, rouges corsés), plus une dizaine de vins de bonne qualité, de différentes sortes, surtout des rouges, mais aussi quelques blancs (par exemple deux bordeaux rouges dans les 12 $, un bourgogne, un Châteauneuf-du-Pape, un bon vin italien genre Barolo ou Chianti Classico, un bourgogne blanc et un Sancerre, un blanc d'Alsace, un Sauternes ou un porto, plus un vin mousseux).

Qu'on achète toutefois vingt, trente ou cinquante bouteilles, la sagesse est d'acheter un peu de tout, pour avoir l'occasion de goûter différentes choses. Enfin, autant que possible on achètera toujours au moins deux bouteilles de chaque vin. Ainsi, et même si on boit les deux avec un intervalle de seulement six mois, on réalise à quel point les vins changent en vieillissant.

Annexe

Les questions à se poser

Voici la plupart des questions qu'on peut se poser en dégustant un vin et qui résument, sous forme interrogative, tout ce qui précède. On ne doit pas hésiter à nuancer ses réponses et ses observations par l'emploi de mots comme «légèrement, un peu, relativement, très», etc.

Robe ou couleur

1) L'intensité de la couleur donne toujours une idée de la richesse et de la concentration des saveurs du vin. La couleur est-elle pâle, claire, moyennement foncée, foncée ou profonde et à peu près opaque dans le cas d'un vin rouge? (Un bon moyen de juger plus facilement l'intensité de la couleur est de vérifier jusqu'à quel point on voit son doigt par transparence à travers le vin.) Si la couleur d'un vin rouge est vraiment profonde, soutenue, elle apparaîtra bien foncée à la bordure du verre, si l'on penche celui-ci à 45 degrés et que l'on regarde le vin au-dessus d'une surface blanche, sous un bon éclairage. La couleur est-elle peu soutenue, bien soutenue ou très soutenue?

2) De quelle couleur est le vin? Est-il violacé? pourpre? rouge clair? orangé? S'il s'agit d'un blanc, est-il incolore? jaune pâle? jaune vert? jaune citron? jaune paille?

3) Toujours si l'on tient le verre penché, le vin a-t-il en bordure du verre une teinte violacée de vin jeune, ou a-t-il commencé à prendre une teinte orangée de vin déjà d'un certain âge? A-t-il — si c'est un vin blanc — une teinte d'un jaune prononcé pouvant indiquer qu'il s'agit d'un vin oxydé?

4) La robe est-elle limpide, ou pas?

5) La robe est-elle mate, plutôt mate, vive ou brillante? (Une robe mate, terne, serait le signe d'un défaut, par exemple d'un manque de limpidité.)

Nez ou bouquet

6) Quelle est l'intensité du bouquet? Celui-ci est-il inexistant, faible, suffisant, bien présent, puissant?

7) Perçoit-on dans le bouquet l'odeur caractéristique d'une variété de raisins?

8) Y perçoit-on une odeur dominante? (Fruits, bois, épices, etc.)

9) Quelles sont les autres nuances odorantes du vin?

10) Peut-on dire que le bouquet est nuancé, et comporte donc plusieurs nuances odorantes? Ou est-il au contraire tout d'une pièce? A-t-il, en second lieu, une certaine densité, ou pas du tout (la densité pouvant être décrite comme la richesse potentielle des odeurs, même si celles-ci sont pour l'instant peu épanouies... un peu comme pour une sauce froide qui sent peu de choses, mais dont on devine la richesse odorante cachée!)

11) Qualifier le bouquet: quelconque, agréable, charmeur, séduisant, etc.

12) Le bouquet devient-il plus complexe à mesure que le temps passe? Et persiste-t-il ou s'estompe-t-il rapidement? (Dans les vins jeunes de qualité, le bouquet *monte* à

partir de l'ouverture de la bouteille, se complexifiant et persistant parfois plusieurs heures, comme on sait.)

En bouche

13) Dans la dégustation d'un vin, la première impression une fois le vin en bouche, appelée l'attaque (les deux ou trois premières secondes), est toujours agréable; c'est une sensation «mœlleuse, douceâtre, due surtout à l'alcool.» Elle renseigne donc sur la teneur en alcool du vin, mais aussi jusqu'à un certain point sur la richesse du fruité et des extraits, qui, s'ils sont abondants, font paraître le vin encore plus mœlleux et plus riche. Comment décrire ici l'attaque? Est-elle délicate? douce? doucereuse? mœlleuse? onctueuse?

14) Quelle est l'intensité des saveurs du vin? Sont-elles à peu près absentes? peu présentes? assez prononcées? bien prononcées? Et y a-t-il une saveur qui est particulièrement frappante et qui ressort? (Pour mieux détecter les saveurs, on garde le vin en bouche plusieurs secondes, en le faisant... voyager, pour ainsi dire!)

15) L'attaque finie, ce sont les sensations acides qu'on perçoit, essentiellement sur les côtés de la langue. Le taux d'acidité du vin est-il faible? normal? élevé?

16) Suivent les impressions tanniques, entre autres sur le fond de la langue et les parois des joues. Est-ce un vin peu tannique? tannique? très tannique? Et, s'il s'agit d'un vin tannique, les tannins sont-ils aimables? astringents (râpeux)? ou bien secs, de mauvaise qualité et asséchant la bouche? S'agit-il de tannins fins? rustiques? grossiers?

17) Est-ce un vin peu alcoolisé? normalement alcoolisé? bien alcoolisé? (Un vin trop riche en alcool chauffera le dessus de la langue, et même parfois toute la bouche.)

18) Quelle est la concentration des saveurs du vin? Doit-on dire qu'il est mince et donc manquant de saveurs?

d'une bonne concentration? plein et charnu? ou, mieux encore, gras?

19) Est-ce un vin harmonieux aux saveurs équilibrées? ou au contraire déséquilibré (par excès ou manque d'acidité, de tannins, de fruité et d'extraits, d'alcool)? S'il est déséquilibré, quel est son défaut?

20) Quelle est la finale, c'est-à-dire la dernière impression une fois le vin avalé? Mordante de vin trop acide? astringente de vin tannique? mœlleuse de vin velouté? à la fois ferme et veloutée?

21) Le goût du vin reste-t-il quand on l'a avalé? Le vin est-il court et donc manquant de persistance? de persistance moyenne? long? très long comme les très bons vins?

22) S'agit-il d'un vin léger, plutôt léger, moyennement corsé, corsé ou très corsé?

23) La bouche suit-elle? autrement dit, le goût est-il conforme à ce qu'annonce le bouquet, comme cela doit être? Ou alors le vin a-t-il des saveurs plus intéressantes que ses odeurs, ou bien des odeurs plus attrayantes que son goût?

24) Compte tenu de la catégorie à laquelle appartient ce vin, compte tenu aussi de son prix, doit-on dire que c'est un vin quelconque, passable, honnête, réussi ou très réussi?

Bibliographie[1]

Broadbent, Michael, *The Great Vintage Wine Book,* 1980, Knopf, New York.

Broadbent, Michael, *Wine Tasting,* 1982, Simon and Schuster, New York.

Courtine, Robert, *Dictionnaire des fromages,* 1972, Larousse, Paris.

Dovaz, Michel, *Les grands vins de France,* 1979, Julliard, Paris.

---

1. Quels livres enfin recommander au lecteur curieux? Devrais-je choisir cinq livres ou albums, en étant forcé de m'en tenir à ceux-là, voici ceux que je prendrais, dans l'ordre où je conseillerais de les lire. D'abord, *Le guide du vin*, de Raymond Dumay (Livre de poche) qui offre à la fois un tableau de toutes les régions productrices de France et traite, souvent avec humour, d'à peu près tout ce qui touche le vin; *L'atlas mondial du vin,* de Hugh Johnson (Laffont), riche de magnifiques cartes et dans lequel le grand connaisseur anglais nous apprend, en textes toujours brefs mais hélas! mal traduits et souvent truffés de fautes, l'essentiel de ce qu'il faut savoir sur tous les vins du monde; *L'encyclopédie des vins et des alcools,* d'Alexis Lichine (Laffont), l'ouvrage de référence par excellence; puis, une fois qu'on est habité par la passion du vin, *Le goût du vin,* d'Émile Peynaud (Dunod), un livre à la fois volumineux et extraordinaire, et *Connaissance et travail du vin,* aussi de Peynaud et chez le même éditeur, qui est celui-ci un ouvrage relativement technique où le grand œnologue explique en détail ce qu'est le vin et les façons de le faire.

Dumay, Raymond, *Guide du vin,* 1967, Le livre de poche, Paris.

Duyker, Hubert, *Grands vins de Bourgogne,* 1980, Nathan, Paris.

Léglise, Max, *Une initiation à la dégustation des grands vins,* 1976, Divo, Lausanne.

Peynaud, Émile, *Connaissance et travail du vin,* 1981, Dunod, Paris.

Peynaud, Émile, *Le goût du vin,* 1980, Dunod, Paris.

Phaneuf, Michel, *La connaissance des vins,* 1981, La Presse et Collège Marie-Victorin, Montréal.

Schoonmaker, Frank, *Le guide Marabout des vins de France et du monde entier* (autrefois *Le livre d'or du vin*), 1981, Marabout, Verviers.

Torres, Miguel, *Vignes et vins,* 1981, Gamma, Tournai.

Le vin de Bordeaux et du haut-pays (ouvrage collectif), 1977, Montalba, Paris.

Achevé   Imprimerie
d'imprimer Gagné Ltée
au Canada   Louiseville